Plataformas DIGITAIS DE CONSUMO

Perspectivas e Desafios de Proteção Justrabalhista para o Divulgador Digital

Gabriela Neves Delgado
Valéria de Oliveira Dias
Carolina Di Assis

Plataformas DIGITAIS DE CONSUMO

Perspectivas e Desafios de Proteção Justrabalhista para o Divulgador Digital

2022

EDITORA *Jus*PODIVM
www.editorajuspodivm.com.br

EDITORA
*Jus*PODIVM
www.editorajuspodivm.com.br

Rua Canuto Saraiva, 131 – Mooca – CEP: 03113-010 – São Paulo – São Paulo
Tel: (11) 3582.5757
• Contato: https://www.editorajuspodivm.com.br/sac

Diagramação: Marcelo S. Brandão *(santibrando@gmail.com)*

Capa: Maitê Coelho *(maitescoelho@yahoo.com.br)*

D352p Delgado, Gabriela Neves.

Plataformas digitais de consumo: Perspectivas e desafios de proteção justrabalhista para o divulgador digital / Gabriela Neves Delgado, Valéria de Oliveira Dias, Carolina Di Assis – São Paulo: Editora JusPodivm, 2022.

128 p.

Bibliografia
ISBN 978-85-442-3772-4

1. Direito Digital. I. Delgado, Gabriela Neves. II. Dias, Valéria de Oliveira. III. Di Assis, Carolina. IV. Título.

CDD 340.004.678

SOBRE AS AUTORAS

GABRIELA NEVES DELGADO

Professora Associada de Direito do Trabalho dos Programas de Graduação e Pós-Graduação da Faculdade de Direito da Universidade de Brasília (UnB). Pesquisadora Coordenadora do Grupo de Pesquisa *Trabalho, Constituição e Cidadania* (UnB/CNPq). Pós-Doutorado em Desigualdades Globais e Justiça Social: diálogos sul e norte pela Faculdade Latino-Americana de Ciências Sociais e seu Colégio Latino-Americano de Estudos Mundiais (FLACSO/BRASIL). Pós-Doutorado em Sociologia do Trabalho pela UNICAMP. Doutora em Filosofia do Direito pela Universidade Federal de Minas Gerais (UFMG). Mestre em Direito do Trabalho pela Pontifícia Universidade Católica de Minas Gerais (PUC Minas). Advogada.

VALÉRIA DE OLIVEIRA DIAS

Doutoranda e Mestre em Direito, Estado e Constituição pela Universidade de Brasília (UnB). Integrante do Grupo de Pesquisa *Trabalho, Constituição e Cidadania* (UnB/CNPq). Especialista em Direito Constitucional do Trabalho pela UnB e em Direito do Trabalho pelo Instituto Processus. Bacharel em Direito pelo Centro Universitário de Brasília (UniCEUB) e em Administração pela UnB. Servidora da Justiça do Trabalho.

CAROLINA DI ASSIS

Mestre em Direito, Estado e Constituição pela Universidade de Brasília (UnB). Integrante do Grupo de Pesquisa *Trabalho, Constituição e Cidadania* (UnB/CNPq). Especialista em Docência Universitária pela PUC Goiás. Bacharel em Direito pela Universidade Federal de Goiás (UFG). Licenciada em Letras-Português pela Universidade Federal de Goiás (UFG). Servidora efetiva do Instituto Federal de Educação, Ciência e Tecnologia Goiano (IF Goiano) – Campus Trindade.

LISTA DE ILUSTRAÇÕES

GRÁFICOS

Gráfico 1 – Gênero 47

Gráfico 2 – Faixa Etária 48

Gráfico 3 – Raça, cor, etnia 48

Gráfico 4 – Escolaridade 49

Gráfico 5 – Estado Civil 49

Gráfico 6 – Estado / Residência 50

Gráfico 7 – Associação sindical 51

Gráfico 8 – Vínculo de emprego anterior com empresa do ramo do comércio varejista 51

Gráfico 9 – Possui outro trabalho ou emprego 52

Gráfico 10 – Tempo de atuação como divulgador 53

Gráfico 11 – Renda média mensal auferida como divulgador .. 53

Gráfico 12 – Renda média mensal auferida como divulgador por sexo 54

Gráfico 13 – Autopercepção do divulgador 55

Gráfico 14 – Horas diárias trabalhadas em divulgação e vendas de produtos 56

Gráfico 15 – Trabalho aos sábados, domingos e feriados 57

Gráfico 16 – No meu trabalho utilizo meu estilo pessoal para alcançar meus clientes 62

Gráfico 17 – No meu trabalho como divulgador tenho liberdade para oferecer descontos, formas de pagamento diferenciadas, parcelamento e frete grátis aos meus clientes . 63

Gráfico 18 – Tenho liberdade para organizar meu trabalho como divulgador da forma que quero 64

Gráfico 19 – Frequência por risco para os fatores da Divisão de Tarefas 69

Gráfico 20 – Frequência por risco para os fatores da Divisão Social do Trabalho 69

Gráfico 21 – Frequência dos fatores da Escala de Estilo de Gestão Normativa (EEGN) 75

Gráfico 22 – Frequência dos fatores da Escala de Estilo de Gestão Coletivista (EEGC) 76

Gráfico 23 – Frequência dos fatores da Escala de Estilo de Gestão Realizador (EEGR) 76

Gráfico 24 – Frequência dos fatores da Escala de Sofrimento Patogênico no Trabalho (ESPT) – Inutilidade 80

Gráfico 25 – Frequência dos fatores da Escala de Sofrimento Patogênico no Trabalho (ESPT) – Indignidade 80

Gráfico 26 – Frequência dos fatores da Escala de Sofrimento Patogênico no Trabalho (ESPT) – Insatisfação 81

Gráfico 27 – Frequência dos fatores da EADRT – Danos Psicológicos 84

Gráfico 28 – Frequência dos fatores da EADRT – Danos Sociais 84

Gráfico 29 – Frequência dos fatores da EADRT – Danos Físicos 85

TABELAS

Tabela 1 – Impacto das horas diárias trabalhadas e da frequência semanal na renda média mensal..........58

Tabela 2 – Fatores da EOPT, avaliação e parâmetros de dimensionamento de riscos psicossociais..........66

Tabela 3 – Escala de Organização Prescrita do Trabalho (EOPT): risco psicossocial do trabalho por fator..........67

Tabela 4 – Distribuição de frequência dos fatores da Escala de Organização Prescrita do Trabalho (EOPT) 68

Tabela 5 – Itens da Escala de Organização Prescrita do Trabalho 70

Tabela 6 – Fatores da EEG, avaliação e parâmetros de presença do estilo de gestão..........73

Tabela 7 – Escala de Estilos de Gestão (EEG): risco psicossocial do trabalho por presença 74

Tabela 8 – Distribuição de frequência dos fatores da Escala de Estilos de Gestão (EEG) 75

Tabela 9 – Fatores da ESPT, avaliação e parâmetros de dimensionamento de riscos psicossociais 78

Tabela 10 – Escala de Sofrimento Patogênico no Trabalho (ESPT): risco psicossocial do trabalho por fator 79

Tabela 11 – Distribuição de frequência dos fatores da Escala de Sofrimento Patogênico no Trabalho (ESPT) 79

Tabela 12 – Fatores da EADRT, avaliação e parâmetros de dimensionamento de riscos psicossociais 82

Tabela 13 – EADRT: risco psicossocial do trabalho por fator 83

Tabela 14 – Distribuição de frequência dos fatores da EADRT 83

Tabela 15 – Itens da Escala de Avaliação dos Danos Relacionados ao Trabalho (EADRT) 85

SUMÁRIO

PREFÁCIO **13**

INTRODUÇÃO **15**

1. A PRECARIZAÇÃO DO TRABALHO EM PLATAFORMAS DIGITAIS DE CONSUMO **19**

2. O TRABALHO EM PLATAFORMAS DIGITAIS DE CONSUMO **23**

2.1. Como se configura juridicamente o trabalho em plataformas digitais de consumo? 26

2.2. Como se caracteriza a gestão do trabalho em plataformas digitais de consumo? 28

3. PESQUISA DE CAMPO: METODOLOGIA E RESULTADOS ALCANÇADOS **35**

3.1. Pressupostos Teóricos da Psicodinâmica do Trabalho ... 36

3.2. Pressupostos Metodológicos 41

3.3. Resultados alcançados 46

3.3.1. Perfil sociodemográfico da amostra 46

3.3.2. Perfil de trabalho da amostra 50

3.3.3. Protocolo de Riscos Psicossociais Relacionados ao Trabalho – PROART 64

3.3.3.1. Escala de Organização Prescrita do Trabalho (EOPT) 65

3.3.3.2. Escala de Estilos de Gestão (EEG) 71

3.3.3.3. Escala de Sofrimento Patogênico no Trabalho (ESPT) 76

3.3.3.4. Escala de Avaliação dos Danos Relacionados ao Trabalho (EADRT) 81

3.4. A regulação do trabalho de *marketing* e vendas em plataformas digitais de consumo a partir da análise da jurisprudência do Poder Judiciário Trabalhista da 2ª Região e dos instrumentos coletivos da categoria dos comerciários do Estado de São Paulo 87

3.4.1. A regulação judicial pelo Tribunal Regional do Trabalho da 2ª Região 88

3.4.2. A regulação por meio de instrumentos coletivos da categoria dos comerciários do Estado de São Paulo 91

4. PARÂMETROS CONSTITUCIONAIS PARA A PROTEÇÃO DO TRABALHO À LUZ DO DIREITO FUNDAMENTAL AO TRABALHO DIGNO: ALGUMAS REFLEXÕES NA PERSPECTIVA DAS RELAÇÕES DE TRABALHO DOS DIVULGADORES NAS PLATAFORMAS DIGITAIS DE CONSUMO 95

4.1. Dimensão socioambiental do direito fundamental ao trabalho digno 97

4.1.1. Direito fundamental à limitação de jornada 98

4.1.2. Direito fundamental à desconexão do trabalho 101

4.1.3. Direito fundamental à saúde psicofísica 103

4.2. Direito fundamental da pessoa trabalhadora à tutela sindical 105

CONSIDERAÇÕES FINAIS 115

REFERÊNCIAS 119

PREFÁCIO

Em consideração à reestruturação das relações de trabalho, decorrente do exponencial crescimento dos negócios virtuais (vendas em *e-commerce*), que revisita o comércio tradicional, a Confederação Nacional dos Trabalhadores no Comércio (CNTC) avaliou a necessidade de obter aporte técnico-acadêmico para delinear as características das novas modalidades de trabalho digitais associadas às medidas de distanciamento social que foram potencializadas na pandemia da Covid-19. O intuito seria a melhor compreensão e sistematização jurídica das relações de trabalho do cenário tecnológico-digital, com especial enfoque na representação sindical e na garantia de direitos fundamentais trabalhistas por meio da negociação coletiva.

Face à referida necessidade, a entidade solicitou às competentes pesquisadoras, Profa. Dra. Gabriela Neves Delgado, Doutoranda Valéria de Oliveira Dias e Mestre Carolina Di Assis, estudo científico sobre os impactos do crescimento do *e-commerce* e da implementação do trabalho virtual no Brasil, com ênfase nas relações de trabalho dos divulgadores digitais que desenvolvem suas atividades em plataformas de consumo. Este estudo é agora ofertado à comunidade jurídica na forma de livro publicado pela prestigiada Editora Juspodivm.

Sob a nova perspectiva das relações de trabalho plataformizadas, este livro, além de estudar a possível caracterização do vínculo de emprego dos trabalhadores do comércio eletrônico com base nos pressupostos legais tipificados, também analisa a natureza do trabalho desenvolvido pelos divulgadores digitais, com vista à compreensão de seu enquadramento como comerciários. Inclusive, com base na regulamentação da categoria dos comerciários – em especial após o advento da Lei 12.790/2013 –, reforça-se a representatividade da CNTC e a abrangência de sua representação sindical, no sentido de viabilizar sua atuação em demandas referentes às novas modalidades de trabalho do *e-commerce*.

O livro também destaca o pressuposto constitucional do direito fundamental ao trabalho digno, na linha do sólido aporte teórico formulado pela jurista Gabriela Neves Delgado, como imprescindível para a viabilização e utilização ampla da negociação coletiva como instrumento de garantia de direitos a todo e qualquer trabalhador, inclusive para os que atuam no comércio eletrônico.

Em acréscimo, para a melhor compreensão dos parâmetros norteadores da legitimidade das entidades sindicais representativas da categoria em face das novas modalidades de trabalho do *e-commerce*, o estudo destaca as disposições constitucionais basilares previstas no 7º da Constituição Federal de 1988 e na Lei nº 12.790/2013, para justificar um enquadramento sindical de ampla abrangência, apto a viabilizar a função social do trabalho de forma multifatorial.

Enfim, com este livro, os leitores terão acesso a pesquisa científica de qualidade, apta a reunir e avaliar os pressupostos que norteiam os novos modelos de trabalho do comércio virtual, amplificando o espaço de discussão sobre a temática e permitindo a construção sistematizada de arcabouços técnicos e teóricos sobre uma realidade de trabalho que ainda carece de regulamentação jurídica no país.

Brasília, abril de 2022.

Luiz Carlos Motta

Presidente da Confederação Nacional
dos Trabalhadores no Comércio (CNTC)

INTRODUÇÃO

As metamorfoses da era digital têm provocado impactos significativos sobre o mundo do trabalho, com destaque para o surgimento de novas formas de trabalho estruturadas com recursos tecnológicos de ponta. No campo da regulação justrabalhista, um dos maiores desafios diz respeito à efetivação e alinhamento dos direitos fundamentais trabalhistas em favor dos trabalhadores que se ativam nas mais variadas modalidades de trabalho digital.

No setor de serviços, as contradições entre o avanço tecnológico e a restrição da proteção justrabalhista em trabalhos plataformizados são ainda mais evidentes. A expansão e a diversificação das formas de *plataformização do trabalho* incentivam trabalhadores em todo o mundo a trabalharem "por conta própria", como se autônomos fossem.

A *plataformização do trabalho* ocupa, hoje, fatia importante do mercado, mas que, infelizmente, reproduz o aumento da informalização do trabalho, ao impedir que trabalhadores cadastrados nos aplicativos tenham acesso a direitos e garantias fundamentais trabalhistas que asseguram a concretização do pressuposto constitucional do *direito fundamental ao trabalho digno*[1].

---

1. Conceito desenvolvido por Gabriela Neves Delgado, em sua tese de doutorado, no sentido de ser o trabalho digno um direito de todo e qualquer trabalhador, independentemente de vínculo empregatício, nos moldes das garantias previstas na Constituição Federal de 1988. Cf. DELGADO, Gabriela Neves. *Direito fundamental ao trabalho digno.* 2. ed. São Paulo: LTr, 2015.

No âmbito do comércio, já é possível notar algumas propostas que se assemelham, em grande medida, ao trabalho plataformizado que ganha destaque no setor de serviços, sobretudo com a "uberização".

Tais metamorfoses na configuração do mundo do trabalho digital, cuja implementação ganhou fôlego em tempos de pandemia, motivaram a Confederação Nacional dos Trabalhadores no Comércio (CNTC)[2] a solicitar a presente pesquisa, publicada neste livro. A pretensão do ente sindical era compreender e identificar o perfil laboral do trabalhador que se ativa nas plataformas digitais de consumo, bem como as atividades por ele desenvolvidas. Além disso, a CNTC objetivava compreender como as condições de trabalho em plataformas digitais de consumo repercutem na saúde psicofísica e nas perspectivas de efetivação de um trabalho digno, com a finalidade de obter subsídios para a proteção dessa categoria profissional pela via da negociação coletiva.

Para preservar o recorte de pesquisa, concentrou-se o estudo no trabalho de *marketing de afiliados*, que é aquele desenvolvido por pessoas físicas, geralmente denominadas *divulgadores*, que se afiliam a *plataformas digitais de consumo* de empresas que atuam na área do *e-commerce*, cuja expansão, sobretudo no curso da pandemia, foi marcante.

O *afiliado* ou *divulgador* é a pessoa física que se vincula a determinada empresa para realizar, regra geral, o trabalho de divulgação (*marketing*) e venda de produtos de terceiros recebendo, como contraprestação, o pagamento de comissões que incidem sobre as vendas realizadas.

Assim, em observância à indicação da CNTC, foi investigado, dentro do programa de afiliados adotado por empresas brasileiras detentoras de plataformas digitais de consumo, o modelo de relação de trabalho dos *divulgadores digitais*.

2. A Confederação Nacional dos Trabalhadores no Comércio – CNTC é uma entidade sindical de grau superior que representa as categorias profissionais dos empregados no comércio atacadista e varejista, agentes autônomos do comércio em geral e trabalhadores no comércio armazenador, bem como dos empregados vendedores e viajantes, propagandistas, propagandistas-vendedores e vendedores de produtos farmacêuticos, das secretárias e dos técnicos de segurança do trabalho.

Desse modo, o ponto nodal deste livro é indicar as bases jurídicas que deveriam sustentar as relações de trabalho dos divulgadores digitais inseridos em plataformas digitais de consumo, especificamente no que concerne à efetivação de um *patamar civilizatório mínimo*[3] de direitos fundamentais trabalhistas. Tal recorte se justifica face à existência de um sistema constitucional de proteção trabalhista no Brasil que salvaguarda todo tipo de trabalhador, qualquer que seja sua relação de trabalho, conforme expresso no art. 7º, *caput,* da Constituição Federal de 1988. Não há dúvidas de que esse sistema tuitivo precisa ser constantemente reafirmado para toda e qualquer relação de trabalho, especialmente no cenário prevalecente das relações de trabalho da era digital.

Para cumprir os objetivos expostos, foi realizada farta pesquisa bibliográfica, exploratória do trabalho desempenhado em plataformas digitais de consumo, tendo por chave analítica o conceito da *plataformização do trabalho*, conforme será discutido adiante.

Além disso, com intuito de se discutir as impressões que os trabalhadores em plataformas digitais de consumo têm em relação ao próprio trabalho e as dificuldades e limitações por eles enfrentadas, operou-se, a título ilustrativo, pesquisa de campo exploratória e descritiva, em nível nacional, junto a trabalhadores divulgadores que consentiram livremente em participar da investigação científica. Para tanto, foi estruturado questionário com perguntas específicas direcionadas à melhor compreensão desse modelo de relação de trabalho, elaborado no *Google* Formulários em versão on-line autoaplicável individualmente e de forma anônima.

Realizou-se, ainda, pesquisa empírica consubstanciada na análise da jurisprudência do Poder Judiciário Trabalhista da 2ª Região sobre

3. Expressão cunhada por Mauricio Godinho Delgado como referência ao piso mínimo de proteção que deve ser assegurado a todo e qualquer trabalhador, independentemente do tipo de vínculo de trabalho que ele detenha. Cf. DELGADO, Mauricio Godinho. Funções do Direito do Trabalho no capitalismo e na democracia. *In*: DELGADO, Mauricio Godinho; DELGADO, Gabriela Neves. *Constituição da República e direitos fundamentais*: dignidade da pessoa humana, justiça social e direito do trabalho. 4. ed. São Paulo: LTr, 2017. p. 82.

eventuais lides trabalhistas de divulgadores que atuam em plataformas digitais de consumo e, por fim, pesquisa empírica consubstanciada na análise dos instrumentos coletivos da categoria dos comerciários do Estado de São Paulo, com o objetivo de verificar a presença (ou não) de um padrão regulatório jurisprudencial para as relações de trabalho no *e-commerce* nesse Estado.

A metodologia empregada nas três pesquisas empíricas e os respectivos resultados alcançados serão pormenorizados no decorrer deste livro. Destaque-se, por fim, que tanto a ausência de fontes bibliográficas específicas quanto as pesquisas de campo empreendidas revelam o ineditismo deste estudo científico no campo do Direito e do Direito do Trabalho.

1

A PRECARIZAÇÃO DO TRABALHO EM PLATAFORMAS DIGITAIS DE CONSUMO

Numa via de crescente expansão, o setor de serviços vem agregando cada vez mais recursos tecnológicos em suas relações de trabalho. Especificamente no comércio, observa-se uma forte ligação entre a consolidação da era digital e o crescimento vertiginoso do comércio eletrônico (ou *e-commerce*) por todo o mundo.

Ao pesquisar a realidade brasileira, Wander Luis de Melo Cruz analisa que a expansão do comércio e dos recursos eletrônicos ganhou corpo ao atravessar três momentos cruciais: o primeiro se situa no final dos anos 2000 e início da década de 2010, com a popularização do acesso à internet para grande parte dos brasileiros; o segundo remonta à difusão do uso de *smartphones*, após 2015; já o terceiro momento resgata o contexto pandêmico, a partir de março de 2020, quando as pessoas optaram pelas compras virtuais e por receberem seus produtos em casa, com objetivo de evitar aglomerações e assegurar o distanciamento social, em razão do avanço da pandemia da Covid-19.[1]

De acordo com o autor, o *e-commerce* teve origem nos Estados Unidos, na década de 1980, inaugurado pelo contato remoto firmado entre grandes empresas varejistas e seus fornecedores e também entre a

---

1. CRUZ, Wander Luis de Melo. Crescimento do *e-commerce* no Brasil: desenvolvimento, serviços logísticos e o impulso da pandemia de Covid-19. *GeoTextos*, v. 17, n. 1, p. 67-88, jul. 2021. Disponível em: https://tinyurl.com/2p8zkcve. Acesso em: 15 dez. 2021. p. 69.

indústria automobilística e seus fornecedores. Posteriormente, o próprio avanço da internet possibilitou que as mudanças oriundas do comércio eletrônico também alcançassem os destinatários finais da cadeia de consumo, isto é, os consumidores.[2]

Wander Luis de Melo Cruz ainda explica que, no início do século XXI, surgiram diferentes tipos de *e-commerce*. O comércio eletrônico através do uso de EDI (*Electronic Data Interchange*) se caracteriza por uma "transferência eletrônica e automática de dados entre os computadores das empresas participantes". É necessário um cadastro prévio para usar esse tipo de recurso. Já o comércio eletrônico B2B (*business to business*) é mais amplo, pressupõe duas pessoas jurídicas, não sendo, assim, dirigido às pessoas físicas. Por fim, no comércio eletrônico B2C (*business to consumer*), o comprador é uma pessoa física que adquire de uma pessoa jurídica um produto ou serviço, utilizando um computador pessoal. Além dessas formas mais comuns de comércio eletrônico, hoje também é possível se pensar nas modalidades C2C (*consumer to consumer*, ou seja, de consumidor para consumidor, como no caso da OLX, por exemplo) e C2B (*consumer to business*, em que o fornecedor é uma pessoa física e o consumidor uma pessoa jurídica)[3].

A respeito do comportamento dos consumidores na exponencial ampliação de operações pelo *e-commerce*, nota-se uma mudança gradativa. Inicialmente, nem todos os consumidores tinham confiança para realizarem compras pela internet, sobretudo porque a operação virtual demanda o uso de dados bancários em sítios eletrônicos sem que se tenha contato físico com a loja vendedora. Entretanto, com o tempo, a quantidade de empresas que começou a disponibilizar produtos para venda pela internet foi crescendo, inclusive no caso de marcas muitos tradicionais no mercado, o que culminou na mudança de perfil do consumidor. O novo cenário provocou uma grande abertura ao *e-commerce*, em parte estimulada pela condição de confiança crescente do consumidor para realizar negócios virtuais.

---

2. CRUZ, Wander Luis de Melo. Crescimento do *e-commerce* no Brasil: desenvolvimento, serviços logísticos e o impulso da pandemia de Covid-19. *GeoTextos*, v. 17, n. 1, p. 67-88, jul. 2021. Disponível em: https://tinyurl.com/2p8zkcve. Acesso em: 15 dez. 2021, p. 70.
3. *Ibid.*, p. 70-71.

Nessa linha, Wander Luis de Melo Cruz esclarece que:

> No início de sua implantação, o *e-commerce* ainda deixava muitos consumidores receosos, uma vez que o comércio digital é alicerçado em relações de confiança muito maiores que o comércio *in loco*, e muitas fraudes eram amplamente noticiadas. Hodiernamente, o consumidor, além de ter um leque de opções muito maior de páginas eletrônicas de vendas, também pode conferir as avaliações dos mesmos dada por outros usuários, seus *feedbacks*, rastrear seu produto etc., além das facilidades oferecidas pelos Apps de bancos para estornar transações fraudulentas.[4]

Dessa forma, a confiança conquistada junto aos consumidores, devido aos grandes investimentos em arcabouço tecnológico, viabilizou a expansão do comércio por meios virtuais. Outras vantagens apontadas pelo autor referentes a essa modalidade de comércio são: a otimização das estratégias de *marketing*, em razão da facilidade de se mapear, com suporte nos algoritmos, a procura de mercadorias por período do ano, faixa etária, sexo etc.; a liberdade do consumidor em pesquisar produtos em escala global, regional e local; e a personalização de produtos, o que nem sempre está disponível no comércio presencial.[5]

Importante destacar ainda que, no Brasil, entre 2011 e 2020, houve crescimento de 351,3% no faturamento do *e-commerce*, destacando-se, nesse percentual, o crescimento impactante do *e-commerce* no ano de 2020 (na ordem de 41%), comparativamente ao ano de 2019. Este crescimento se justifica pelo fato de o ano de 2020 ter sido marcado, na história mundial, pela pandemia da Covid-19. A região Sudeste é a que concentra a maior quantidade de vendas eletrônicas (44%) em comparação às demais regiões do país[6].

---

4. CRUZ, Wander Luis de Melo. Crescimento do *e-commerce* no Brasil: desenvolvimento, serviços logísticos e o impulso da pandemia de Covid-19. *GeoTextos*, v. 17, n. 1, p. 67-88, jul. 2021. Disponível em: https://tinyurl.com/2p8zkcve. Acesso em: 15 dez. 2021, p. 70.
5. *Ibid.*, p. 71-72.
6. *Ibid.*, p. 75,78.

Para além do *e-commerce*, o mundo vivencia, atualmente, um aperfeiçoamento do comércio eletrônico, que se estrutura pela utilização de dispositivos móveis, como os *smartphones* e *tablets*. Face à existência da *característica da mobilidade*, esse aperfeiçoamento do *e-commerce* ficou conhecido como *mobile-commerce* ou, simplesmente, *m-commerce*.

Como justificam Rangel Galinari, Osmar Cervieri Junior, Job Rodrigues Teixeira Junior e Eduardo Lederman Rawet, essa mudança pode parecer um simples detalhe, porém acarreta importantes implicações. Enquanto no *e-commerce* o consumidor depende de um computador fixo conectado à internet, no *m-commerce* é possível oferecer bens e serviços de forma mais abrangente, devido à tecnologia móvel, o que dá abertura e flexibilidade ao consumo por muito mais tempo e praticamente de qualquer lugar.[7]

Logo, tanto o *e-commerce* quanto o *m-commerce* são modificações que fazem parte da nova realidade de consumo, de maneira mais sutil ou mais substancial, a depender do perfil do consumidor. Estas são perspectivas que não são mais ignoradas pelo mercado e pelas empresas, dadas as facilidades que oferecem aos consumidores, sobretudo aos que buscam comodidade e economia de tempo, mas que não abrem mão da confiança em marcas tradicionais, nem de um bom atendimento.

Por isso, para que se viabilize que o comércio eletrônico cresça e conquiste maior público, as empresas têm investido em estratégias amplificadas de contato remoto entre o setor de vendas e os consumidores, fundadas em premissas gerenciais já conhecidas desde a implementação do modelo de gestão toyotista, como a máxima eficiência e o pronto atendimento. Uma dessas estratégias revela-se no investimento em *plataformas digitais de consumo*, geralmente vinculadas a programas de afiliação ou de divulgadores. É o que será analisado nos próximos capítulos.

---

7. GALINARI, Rangel; CERVIERI JUNIOR, Osmar; TEIXEIRA JUNIOR, Job Rodrigues; RAWET, Eduardo Lederman. Comércio eletrônico, tecnologias móveis e mídias sociais no Brasil. *BNDES Setorial*, n. 41, p. 135-180, mar. 2015. Disponível em: https://web.bndes.gov.br/bib/jspui/handle/1408/4285. Acesso em: 17 dez. 2021. p. 164.

2

O TRABALHO EM PLATAFORMAS DIGITAIS DE CONSUMO

Nas últimas décadas, com o avanço da tecnologia digital, o comércio eletrônico no Brasil cresceu em grande escala. Especialmente no ano de 2020, o crescimento do *e-commerce* foi impactante, em grande medida justificado pelo alastramento da pandemia da Covid-19 pelo mundo, circunstância que exigiu a implementação de políticas de distanciamento social, o que elevou o consumo intermediado por aplicativos digitais. Por isso, as empresas de varejo têm investido maciçamente em estratégias que viabilizem as vendas de produtos de forma remota, sendo as *plataformas digitais de consumo* um grande exemplo dessa iniciativa.

Interessante verificar que isso não significa que a estrutura das lojas físicas das empresas tenha sido abandonada em favor do *e-commerce*. Pelo contrário, nota-se um movimento crescente de integração desses canais, a fim de que seja possível oferecer ao consumidor atendimento por diversas vias.

A esse respeito, Flávio Rivelli Mesquita, Fabrício Rivelli Mesquita e Roberto Fabiano Fernandes explicam que, atualmente, várias empresas operam em um modelo bastante comum no mercado do varejo e que é conhecido como *brick and click*. A palavra “brick” do inglês significa “tijolo” e faz referência ao comércio físico realizado nas unidades físicas das empresas. Já o termo “click” faz menção ao uso de internet e ao comércio virtual. Ou seja, os estabelecimentos possuem tanto lojas físicas quanto comércio eletrônico, havendo grande interação entre esses canais de venda[1]. Essa estratégia chamada "omnicanal" permite, por exemplo, que o cliente compre no sítio eletrônico da empresa e que retire o produto na loja mais próxima do seu endereço residencial ou no local de sua preferência.

A estratégia da "omnicanalidade" pode ser definida, conforme explicam Tiago Kiritschenko Maffi, Gabriel Santos Nascimento Silva e Erwin Alexander Uhlmann, como "[...] a integração de múltiplos pontos de contato com o cliente, com a finalidade de proporcionar uma melhor experiência de compra, unificando as lojas físicas e virtuais"[2]. Os autores descrevem como características dessa tendência: a comunicação constante, permanente e "sem quebra" entre os canais, a política de preços adequada (para evitar discrepâncias entre as ofertas dos diferentes canais de venda), além da ampla disponibilidade dos produtos, o que pode conferir ao usuário uma experiência mais satisfatória de compra, apoiada na personalização do processo de compra e venda[3].

Trata-se, dessa forma, de uma experiência diferente da "multicanalidade", uma vez que nesta há dois ou mais canais de venda (lojas físicas, lojas virtuais, *e-commerce*), mas sem comunicação entre eles. Logo, na "multicanalidade", os canais de venda são inteiramente independentes, o que significa que eles podem competir entre si, apresentando práticas de preços diversas e proporcionando ao cliente sensações de compra distintas.[4]

---

1. MESQUITA, Flávio Rivelli; MESQUITA, Fabrício Rivelli; FERNANDES, Roberto Fabiano. Projeções e desafios do dropshipping na era omnichannel. *Brazilian Journal of Development*, Curitiba, v.8, n.1, p. 314-338, jan. 2022. p. 331.
2. MAFFI, Tiago Kiritschenko; SILVA, Gabriel Santos Nascimento; UHLMANN, Erwin Alexander. Desenvolvimento de sistema gerenciador de estoques fragmentados para omnicanalidade para fidelização do público em empresas varejistas multicanal. *Revista Computação Aplicada*, v. 8, n. 1, p. 29-35, 2019. Disponível em: https://tinyurl.com/ywurs2dx. Acesso em: 18 nov. 2021. p. 32.
3. *Id.*
4. MAFFI, Tiago Kiritschenko; SILVA, Gabriel Santos Nascimento; UHLMANN, Erwin Alexander. Desenvolvimento de sistema gerenciador de estoques fragmentados para omnicanalidade para fidelização do público em empresas varejistas multicanal. *Revista Compu-*

A *omnicanalidade* se realiza com apoio em variadas formas de atendimento ao consumidor, o que se dá pela possibilidade de acesso simultâneo às *lojas físicas tradicionais* das empresas, às *lojas virtuais* e ao *e-commerce*[5]. Além disso, podem existir outros canais de comunicação, como o Serviço de Atendimento ao Consumidor (SAC) e as redes sociais (Facebook, Instagram, Twitter, Pinterest, YouTube), por exemplo.

As *lojas físicas tradicionais* representam o comércio mais convencional, pois o cliente se dirige até a loja, verifica diretamente com o vendedor o estoque físico disponível, escolhe o produto desejado, efetiva a compra e, regra geral, sai de lá com a mercadoria em mãos.

Já as *lojas virtuais* correspondem a um modelo híbrido. Embora tenham estrutura física e empregados bem treinados para atender presencialmente os consumidores, são escritórios onde os vendedores efetivam as vendas por meio de computadores, considerando que há pequena exposição de mercadorias ou nenhum estoque[6]. Frise-se que esta seria uma grande vantagem das lojas virtuais em relação às lojas físicas por garantir um menor custo de investimento por parte das empresas. Ao mesmo tempo, a opção é interessante para o consumidor, visto que ele pode tirar dúvidas diretamente com o vendedor sobre as especificações técnicas daquilo que pretende comprar.

Por fim, o *e-commerce* representa a venda totalmente on-line de produtos próprios ou de outras empresas parceiras. No caso da comercialização de produtos de empresas parceiras, concretiza-se o conceito de *marketplace*, que, segundo Carol Kuviatkoski, refere-se a um "espaço livre onde compradores e vendedores podem fazer negócios", funcionando o modelo na prática como um *shopping* virtual. A ideia é atrativa, pois os consumidores podem comparar preços e avaliações dos produ-

---

tação Aplicada, v. 8, n. 1, p. 29-35, 2019. Disponível em: https://tinyurl.com/ywurs2dx. Acesso em: 18 nov. 2021. p. 32.

5. MESQUITA, Flávio Rivelli; MESQUITA, Fabrício Rivelli; FERNANDES, Roberto Fabiano. Projeções e desafios do dropshipping na era omnichannel. *Brazilian Journal of Development*, Curitiba, v.8, n.1, p. 314-338, jan. 2022. p. 330-331.

6. CZAJKOWSKI JR., Sérgio. A Sociedade da Informação e as Novas Tecnologias Aplicadas ao Varejo no Brasil. *Brazilian Journal of Development*, Curitiba, v.7, n.3, p. 31817-31838 mar 2021. p. 31829.

tos e serviços. Na mesma linha, os vendedores divulgam seus produtos de forma on-line com objetivo de conquistar mais clientes. Além disso, o dono do *marketplace* lucra com a intermediação dos negócios[7].

Aqui uma informação importante: ainda que a venda seja efetivada de maneira remota, as lojas físicas das empresas de varejo podem incluir minicentros de distribuição, possibilitando ao consumidor a retirada do produto adquirido diretamente na loja física.

Feitas essas primeiras considerações a respeito da estratégia da *omnicanalidade* e da aposta de diversas empresas do ramo do comércio varejista na integração entre os canais de atendimento ao consumidor, a próxima seção tratará especificamente da configuração jurídica do trabalho dos divulgadores digitais, desenvolvido em plataformas digitais de consumo.

2.1. COMO SE CONFIGURA JURIDICAMENTE O TRABALHO EM PLATAFORMAS DIGITAIS DE CONSUMO?

Considerando que, na atualidade, as plataformas digitais de consumo são a grande aposta das empresas do varejo, é preciso refletir sobre a natureza da relação de trabalho firmada entre o divulgador e as plataformas digitais de consumo.

No domínio da Administração, a doutrina refere-se ao enquadramento dos divulgadores no *marketing de afiliados*. De acordo com Luiz Fernando Perrotta da Rocha, o *marketing de afiliados* é um tipo de *marketing* on-line que tem por objetivo divulgar e anunciar produtos de terceiros em troca do recebimento de uma comissão assim que a venda for efetivada. Ou seja, como defende o autor, seria o caso de um empreendedor digital que se ativa no trabalho de "vendedor virtual". Para fazer essa intermediação entre os produtores e os "empreende-

7. KUVIATKOSKI, Carol. *Marketplace*: o que é, exemplos e como criar um marketplace. 14 dez. 2021. Disponível em: https://www.ideianoar.com.br/marketplace/#o-que-e. Acesso em: 28 fev. 2022.

dores digitais que dominam as habilidades de venda e *marketing*", podem ser utilizadas diversas plataformas disponíveis (como, por exemplo, *Hotmart*, *Eduzz*, *Monetizze*, *Lomadee*), o que contribuiria para que mais indivíduos acreditassem nessa carreira emergente.[8]

Ainda no âmbito da Administração, há estudos que indicam a vinculação do trabalhador divulgador às plataformas digitais de consumo por meio de *franquias virtuais*[9]. As franquias virtuais seriam um desdobramento do tradicional setor de franquias empresariais[10], no qual a rede franqueadora vende o seu modelo de negócios aos franqueados, permitindo a estes a utilização de sua marca.

Nas franquias virtuais, a internet é utilizada como o meio mais importante de comercialização de produtos e serviços, especialmente pela via das redes sociais.

Segundo pontua Carol Kuviatkoski, as franquias virtuais apresentam as seguintes vantagens: baixos custos operacionais e de investimento, dada a dispensa de estrutura física para a execução do trabalho; possibilidade de utilização do trabalho remoto e grande capilaridade, o que se dá com o grande alcance de novos clientes.[11]

Outra perspectiva de análise se encontra no campo do Direito, mais precisamente no Direito do Trabalho, visto que há real possibili-

---

8. ROCHA, Luiz Fernando Perrotta da. *"Como ganhar dinheiro da internet?"*: a construção da carreira do empreendedor digital. 2021. 82 f. Dissertação (Mestrado em Administração de Empresas) – Departamento de Administração, Pontifícia Universidade Católica do Rio de Janeiro, Rio de Janeiro, 2021. Disponível em: https://www.maxwell.vrac.puc-rio.br/55705/55705.PDF. Acesso em: 02 mar. 2022. p. 26-27.

9. KUVIATKOSKI, Carol. *Franquia digital:* o que é, exemplos, e como ser uma franqueadora digital. 01 fev. 2022. Disponível em: https://www.ideianoar.com.br/franquia-digital/. Acesso em: 29 mar. 2022.

10. A regulação das franquias empresariais é feita pela Lei nº 13.966, de 26 de dezembro de 2019. Cf. BRASIL. *Lei nº 13.966, de 26 de dezembro de 2019*. Dispõe sobre o sistema de franquia empresarial e revoga a Lei nº 8.955, de 15 de dezembro de 1994 (Lei de Franquia). Disponível em: http://www.planalto.gov.br/ccivil_03/_ato2019-2022/2019/lei/L13966.htm. Acesso em: 11 out. 2021.

11. KUVIATKOSKI, Carol. *Franquia digital:* o que é, exemplos, e como ser uma franqueadora digital. 01 fev. 2022. Disponível em: https://www.ideianoar.com.br/franquia-digital/. Acesso em: 29 mar. 2022.

dade de enquadramento do trabalhador divulgador como empregado, na condição de vendedor digital da empresa a que se filia. Esta hipótese de configura se presentes e confirmados os elementos fático-jurídicos da relação de emprego.

Note-se que os divulgadores são trabalhadores *pessoas físicas* que executam com pessoalidade e permanência a atividade laboral de *marketing* e de vendas de produtos, como se fossem vendedores/gerentes da própria empresa a que estão afiliados. Esses trabalhadores são remunerados por comissão e dirigidos pela empresa de forma subordinada (subordinação algorítmica), não possuindo liberdade para organizar de forma autônoma o trabalho prestado.

Trata-se, portanto, de consultoria a respeito do catálogo de produtos e de efetivação das vendas por canais multimídia. A única distinção entre o divulgador das plataformas digitais de consumo das empresas varejistas e o empregado dessas empresas seria o *modus operandi* do trabalho realizado: na loja física, o trabalhador empregado se ativa no trabalho de maneira presencial, enquanto o divulgador o faz de maneira remota, utilizando-se das ferramentas digitais próprias para o trabalho de divulgação e venda. Por isso, esta pesquisa caminha no sentido de indicar a possibilidade de enquadramento do trabalho do divulgador como relação de emprego, dada a presença dos pressupostos fático-jurídicos descritos na CLT, conforme se verá na sequência.

2.2. COMO SE CARACTERIZA A GESTÃO DO TRABALHO EM PLATAFORMAS DIGITAIS DE CONSUMO?

Pelo panorama apresentado, observa-se a expansão global e no Brasil do *e-commerce*, amparada em uma estratégia menos onerosa de comercialização de produtos, ao mesmo tempo em que se estimula a divulgação de marcas já tradicionais no mercado. Contribui para esse cenário o novo perfil de consumidor, que busca comodidades no momento de adquirir produtos e serviços (como as entregas rápidas, por exemplo), mas que não abre mão da credibilidade e da confiança na marca escolhida.

É interessante também a sinalização de que o trabalho do divulgador, aproxima-se, ainda, do trabalho há anos desempenhado pelas revendedoras e revendedores de cosméticos. Seria possível dizer que se trata de uma versão digital daqueles catálogos impressos que eram utilizados para vender produtos aos amigos, vizinhos e conhecidos em geral.

O trabalho das revendedoras de cosméticos foi estudado criteriosamente por Ludmila Costhek Abilio, em sua tese de doutorado defendida em 2011[12]. A pesquisadora segue investigando o trabalho desenvolvido por trabalhadores de forma desprotegida, sem vínculo de emprego nem garantias, como ocorre com os trabalhadores por aplicativos, que prestam serviços a diversificadas plataformas digitais (Uber, IFood, 99Pop, Rappi, entre outras). A autora, então, tem se dedicado à pesquisa do que hoje se conhece por *uberização do trabalho*, *trabalho sob demanda* (*trabalho on-demand*), *crowdwork* ou, ainda, *plataformização do trabalho.* Para ela, todas essas expressões "buscam categorizar por diferentes perspectivas as relações de trabalho que hoje são mediadas pelas plataformas digitais".[13]

Ao tecer paralelismos entre o trabalho das revendedoras de cosméticos e o trabalho das plataformas digitais, a autora esclarece que:

> Com as revendedoras, reconhecemos elementos tais como o trabalho amador, o *crowdsourcing*, a imbricação do trabalho no consumo, a transferência de riscos e custos em uma relação de trabalho que precede as plataformas digitais (Abílio, 2014). Naquela ocupação tipicamente feminina, socialmente invisível, em um tra-

---

12. Cf. ABILIO, Ludmila Costhek. *O make up do trabalho*: uma empresa e um milhão de revendedoras de cosméticos. 2011. 307 f. Tese (Doutorado em Ciências Sociais) – Programa de Doutorado em Ciências Sociais, Universidade Estadual de Campinas, Campinas, 2011. Disponível em: http://www.repositorio.unicamp.br/handle/REPOSIP/280166. Acesso em: 10 nov. 2021.

13. ABILIO, Ludmila Costhek. Uberização: a era do trabalhador *just-in-time*? *Estudos Avançados*, v. 34, n. 98, p. 111-126, 2020. Disponível em: https://tinyurl.com/238rj8uz. Acesso em: 20 jan. 2022. p. 111.

> balho que mal é reconhecido como tal, já era possível identificar elementos centrais que tecem a reprodução social das mulheres, que se espraiam com a flexibilização do trabalho e hoje se atualizam na uberização. As indistinções entre o que é e não é tempo de trabalho, a nebulosidade entre o que é e não é trabalho, as imbricações do espaço doméstico no espaço de trabalho são alguns dos elementos que compõem a flexibilização do trabalho e hoje se aprofundam sob uma nova forma de gestão e controle.[14]

Como se verá, a gestão do trabalho de divulgadores no âmbito das plataformas virtuais de consumo, objeto desta pesquisa, detém algumas aproximações com a gestão do trabalho plataformizado em geral. Por isso, essa frente de análise será aqui explorada. Além disso, por ser a expressão *plataformização do trabalho* mais ampla, ela será preferencialmente utilizada nesta pesquisa para se fazer referência ao trabalho dos trabalhadores de plataformas digitais de consumo.

Conforme ensina Ludmila Costhek Abilio, a plataformização do trabalho é hoje uma forte tendência em nível global que abrange diferentes trabalhadores com variados níveis de qualificação, rendimento e condições de trabalho, e envolvidos em diversos setores da economia. Trata-se de um fenômeno que foi amplamente reconhecido com a entrada da empresa Uber no mercado, o que levou à divulgação do termo "uberização".[15]

Todavia, hoje constata-se que o novo cenário transborda os limites de atuação da Uber, alcançando muitas outras empresas e expandindo as possibilidades de controle e gestão do trabalho. Infelizmente, ressalta a autora, a plataformização do trabalho revela vasto processo de exploração e informalização do trabalho, pautado em flexibilização e na transferência de custos e riscos do empreendimento ao trabalha-

---

14. ABILIO, Ludmila Costhek. Uberização: a era do trabalhador *just-in-time*? *Estudos Avançados*, v. 34, n. 98, p. 111-126, 2020. Disponível em: https://tinyurl.com/238rj8uz. Acesso em: 20 jan. 2022. p. 112.

15. *Id.*

dor, além da eliminação de direitos no âmbito da regulação estatal e da negociação coletiva[16].

Isso posto, é relevante evidenciar *quatro características* da uberização ou plataformização do trabalho descritas por Ludmila Costhek Abilio, uma vez que esses aspectos podem também ser observados no trabalho desenvolvido pelos divulgadores afiliados a empresas do ramo do comércio varejista de bens.

O primeiro atributo diz respeito *ao propósito de identificação do sujeito como trabalhador autônomo*. A narrativa prevalecente vem no sentido de que este trabalhador detém disponibilidade perpétua para o trabalho por ser considerado um trabalhador "just in time" autônomo, o que em tese justificaria a ausência da fruição de direitos fundamentais trabalhistas, mormente no que tange à remuneração digna e à limitação de jornada, o que é um grande equívoco, diga-se de passagem[17].

A segunda característica permeia o *gerenciamento algorítmico do trabalho*, no qual imperam novos formatos de subordinação (sobretudo a subordinação algorítmica) e de controle do trabalho que desafiam a regulamentação existente.[18]

A respeito da *subordinação algorítmica*, Gabriela Neves Delgado e Bruna Vasconcelos de Carvalho pontuam que ela se refere a uma expressão da subordinação jurídica típica do modelo de gestão do trabalho por plataformas digitais. O conceito indicaria a forma pela qual o poder diretivo é exercido, sendo distinto das modalidades tradicionais que dependem de um espaço geográfico bem definido e de um controle rígido do horário de trabalho. Nesse cenário, os algoritmos se valem de um controle difuso para administrar, controlar e direcionar

16. ABILIO, Ludmila Costhek. Uberização: a era do trabalhador just-in-time? *Estudos Avançados*, v. 34, n. 98, p. 111-126, 2020. Disponível em: https://tinyurl.com/238rj8uz. Acesso em: 20 jan. 2022. p. 112.

17. *Ibid.*, p. 114.

18. *Id.*

o trabalho, o que permite à plataforma mapear as atividades executadas e registrar a percepção do consumidor sobre o serviço prestado.[19]

O autogerenciamento do trabalhador, então, acaba resumido à escolha entre trabalhar ou não para as plataformas. De forma sucinta, pode-se afirmar que "esses trabalhadores recebem da plataforma digital o direito de trabalhar em troca de uma remuneração sobre a qual não podem opinar, a serviço de clientes que não podem escolher, em condições de trabalho que não podem gerenciar"[20].

Essas considerações antecipam a terceira característica da plataformização do trabalho segundo Ludmila Costhek Abilio, qual seja, a definição de *crowdsourcing*. Há, assim, um movimento de pulverização: de categorias organizadas de trabalhadores cujo trabalho é regulado passa-se a uma "multidão de trabalhadores disponíveis", com perfil profissional, tempo de trabalho e remuneração indeterminados. Nessa conjuntura, não é o Estado que fiscaliza o trabalho, mas os próprios consumidores, sendo que estes também gerenciam e controlam parte do trabalho executado.[21]

Imperioso afirmar que todo esse cenário estimula o fortalecimento da identidade de "trabalhadores amadores", o que converge para a quarta característica descrita pela autora: *o crescimento do trabalho informal.*[22] É exatamente essa a dinâmica das relações de trabalho no comércio virtual em que as empresas comumente reforçam a narrativa de que os divulgadores trabalham por conta própria, como se fossem trabalhadores autônomos.

---

19. DELGADO, Gabriela Neves; CARVALHO, Bruna Vasconcelos. Direitos fundamentais trabalhistas para quem? Reflexões sobre o trabalho plataformizado na perspectiva do Direito Constitucional do Trabalho. *In*: PORTO, Noemia; LOURENÇO FILHO, Ricardo; CONFORTI, Luciana Paula. (org.). *Plataformas digitais de trabalho*: aspectos materiais e processuais. Brasília: Associação Nacional dos Magistrados da Justiça do Trabalho; Escola Nacional Associativa dos Magistrados da Justiça do Trabalho, 2021. *E-book*. p. 34-53. Disponível em: https://tinyurl.com/2p86pvtr. Acesso em: 01 mar. 2022. p. 42-43.

20. *Ibid.*, p. 42.

21. ABILIO, Ludmila Costhek. Uberização: a era do trabalhador *just-in-time*? *Estudos Avançados*, v. 34, n. 98, p. 111-126, 2020. Disponível em: https://tinyurl.com/238rj8uz. Acesso em: 20 jan. 2022. p. 114.

22. *Id*.

Não restam dúvidas de que a informalização da relação de trabalho dos divulgadores afiliados a empresas, especialmente do ramo do comércio varejista de bens, de seu tempo de trabalho e da remuneração recebida podem culminar em graves prejuízos à garantia de seus direitos fundamentais trabalhistas, na linha da efetivação do pressuposto constitucional do direito fundamental ao trabalho digno.[23] Este debate será aprofundado no capítulo quatro desta pesquisa.

23. DELGADO, Gabriela Neves. *Direito fundamental ao trabalho digno*. 2. ed. São Paulo: LTr, 2015.

3

PESQUISA DE CAMPO: METODOLOGIA E RESULTADOS ALCANÇADOS

A Confederação Nacional dos Trabalhadores no Comércio – CNTC solicitou pesquisa com o propósito de compreender a dinâmica do trabalho virtual no setor do comércio e obter subsídios para a negociação coletiva, na medida em que, regra geral, a expansão do trabalho digital tem sido acompanhada por desregulação, precarização, informalidade e consequente desproteção do trabalho humano em suas múltiplas dimensões.

Especificamente, a CNTC busca identificar o perfil laboral do comerciário que se ativa nas relações de trabalho virtuais, bem como as atividades por ele desenvolvidas e os impactos dessa relação virtual no meio ambiente de trabalho. Objetiva compreender, ainda, como as condições de trabalho em plataformas digitais do comércio repercutem na saúde psicofísica e nas perspectivas de efetivação de um trabalho digno.

Diante dos desafios de uma pesquisa quantitativa, cujas limitações envolvem sobretudo tempo e recursos, *optou-se por investigar o ramo do comércio varejista de bens*, especificamente o varejo eletrônico, que cresceu amplamente com a revolução digital, e se acentuou sobremaneira no período pandêmico.

Nesse contexto, destacou-se o trabalho dos divulgadores que trabalham em plataformas digitais de consumo, fortalecendo o *e-commerce* de diversas empresas que apostam especialmente na estratégia da omnicanalidade, anteriormente explorada.

Assim, com base no arcabouço teórico e descritivo presente nos capítulos anteriores e para alcançar os objetivos delineados, foram empreendidas as seguintes pesquisas empíricas direcionadas à melhor compreensão do trabalho dos divulgadores em plataformas digitais de consumo: 1) pesquisa de campo exploratória e descritiva, em âmbito nacional, com aplicação de questionário junto a trabalhadores divulgadores que consentiram livremente em participar da investigação científica.2) análise das decisões prolatadas no âmbito do Tribunal Regional do Trabalho da 2ª Região sobre eventuais lides trabalhistas de divulgadores que atuam em plataformas digitais de consumo; 3) análise dos instrumentos coletivos da categoria dos comerciários do Estado de São Paulo, com o objetivo de verificar a presença (ou não) de um padrão regulatório para as relações de trabalho no *e-commerce*, no Estado de São Paulo.

Os pressupostos teóricos e metodológicos dos estudos de campo empreendidos serão apresentados a partir da próxima seção.

3.1. PRESSUPOSTOS TEÓRICOS DA PSICODINÂMICA DO TRABALHO

A *Psicodinâmica do Trabalho* é uma disciplina teórica e clínica descritiva proposta por Christophe Dejours que investiga a relação entre trabalho e saúde mental, com fundamento na Psicanálise e na Teoria Social[1]. O objetivo desse campo epistemológico é "compreender os aspectos psíquicos e subjetivos que são mobilizados a partir das relações e da organização do trabalho"[2].

A Psicodinâmica do Trabalho parte da teoria do sujeito, que, para a Psicanálise, é aquele que se constitui a partir de sua relação com o Outro por meio da palavra, da linguagem e ao realizar o encontro com o

---

1. DEJOURS, Christophe. Subjetividade, trabalho e ação. *Revista Produção*, v. 14, n. 3, p. 27-34, set./dez, 2004, p. 28.

2. HELOANI, Roberto; LANCMAN, Selma. Psicodinâmica do trabalho: o método clínico de intervenção e investigação. Revista Produção, v. 14, n. 3, p. 077-086, Set./Dez. 2004, p. 80.

real. Assim, o "sujeito da psicodinâmica é o sujeito do sofrimento, da falta, do desejo, da ação, do afeto", que se constitui no trabalho[3].

As pesquisas empreendidas nesse campo do saber denotam que o *trabalho ocupa lugar de centralidade para a construção da saúde do ser humano*. Além disso, as vivências de prazer e sofrimento no/pelo trabalho repercutem para além da jornada, alcançando o tempo de não-trabalho e a vida de relações do sujeito trabalhador como um todo[4].

Isso porque a *organização do trabalho* molda a construção da identidade individual e social do sujeito trabalhador e, por essa razão, torna-se determinante para as suas vivências de prazer-sofrimento no curso da vida. Por essa razão, constatou-se que a organização do trabalho inter-relaciona e faz a mediação entre trabalho, saúde, adoecimento e patologias sociais[5].

Os modelos de organização do trabalho atuais são pautados, regra geral, tanto no taylorismo/fordismo quanto no toyotismo, na medida em que os princípios de hierarquia, fiscalização e controle do trabalho próprios do taylorismo/fordismo foram incorporados ao sistema toyotista. Em acréscimo, foram incorporadas maior flexibilização e instrumentalização das potencialidades intelectuais e das habilidades dos trabalhadores em face das exigências de flexibilização neoliberal[6]. Tais

3. MENDES, Ana Magnólia; VIEIRA, Fernando de Oliveira. Diálogos entre a psicodinâmica e clínica do trabalho e os estudos sobre coletivos de trabalho e práticas organizacionais. *Farol – Revista de Estudos Organizacionais e Sociedade*, Belo Horizonte, v. 1, n. 1, p. 161-213, jun. 2014, p. 198-199.
4. HELOANI, Roberto; LANCMAN, Selma. *op. cit.*, p. 82.
5. Sobre o tema consultar, entre outros: DEJOURS, Christophe. A psicodinâmica do trabalho na pós-modernidade. In. MENDES, Ana Magnólia; LIMA, Suzana Canez da Cruz; FACAS, Emílio Peres (orgs). *Diálogos em Psicodinâmica do trabalho*. Brasília: Paralelo 15, 2007. MENDES, Ana Magnólia; VIEIRA, Fernando de Oliveira. Diálogos entre a psicodinâmica e clínica do trabalho e os estudos sobre coletivos de trabalho e práticas organizacionais. *Farol – Revista de Estudos Organizacionais e Sociedade*, Belo Horizonte, v. 1, n. 1, p. 161-213, jun. 2014. DEJOURS, Christophe; BARROS, Juliana de Oliveira; LANCMAN, Selma. A centralidade do trabalho para a construção da saúde. *Revista de Terapia Ocupacional da Universidade de São Paulo*, v. 27, n. 2, p. 228-235, 17 ago. 2016.
6. HELOANI, Roberto. *Gestão e organização no capitalismo globalizado*: história da manipulação psicológica no mundo do trabalho. 1. ed. 4. reimp. São Paulo: Atlas, 2011, p. 125-131.

princípios e preceitos são determinantes para a construção dos modelos de organização do trabalho contemporâneos, inclusive quando se trata do trabalho plataformizado.

O processo de organização do trabalho envolve dimensões técnicas e sociais, quais sejam: a divisão formal do trabalho, o conteúdo da tarefa, as relações de poder, a repartição de responsabilidades, a divisão hierárquica e a forma de controle. "Trata-se do trabalho prescrito destinado a orientar a execução do trabalho e a nortear a relação do sujeito com o trabalhar"[7].

Todavia, esse "cenário" empresarial delineado não consegue prever, de forma exata, o real do trabalho. Vale dizer que a execução do trabalho prescrito é permeada pela imprevisibilidade e volatilidade da realidade de um trabalho. "Nesse sentido, a prescrição do trabalho subestima habitualmente a variabilidade das situações"[8].

Essa lacuna existente entre a *prescrição do trabalho* e o *real do trabalho* pode ser fonte de saúde ou de adoecimento. A variável determinante para o destino do sofrimento - que é inerente a essa dinâmica - é o fato de a "organização permitir ou não aos trabalhadores que arbitrem sobre essa defasagem e encontrem por meio de sua inventividade, criatividade e engenhosidade, os meios necessários para a resolução dos problemas encontrados no trabalho"[9].

Vale dizer que, quando é permitido ao sujeito trabalhador utilizar sua inteligência prática para dar conta do real do trabalho e ele é reconhecido por isso, o sofrimento decorrente da insuficiência do traba-

---

7. DIAS, Valéria de Oliveira. *A Dimensão Socioambiental do Direito Fundamental ao Trabalho Digno*: uma análise a partir do assédio organizacional nos bancos do Distrito Federal. São Paulo: LTr, 2020, p. 84.

8. FACAS, Emílio Peres. *Protocolo de Avaliação dos Riscos Psicossociais no Trabalho* – Contribuições da Psicodinâmica do Trabalho. Tese apresentada ao Programa de Pós-Graduação em Psicologia Social, do Trabalho e das Organizações, do Instituto de Psicologia da Universidade de Brasília, 2013, p. 36.

9. FACAS, Emílio Peres. *Protocolo de Avaliação dos Riscos Psicossociais no Trabalho* – Contribuições da Psicodinâmica do Trabalho. Tese apresentada ao Programa de Pós-Graduação em Psicologia Social, do Trabalho e das Organizações, do Instituto de Psicologia da Universidade de Brasília, 2013, p. 37.

lho prescrito é ressignificado, o sentido do trabalho é resgatado e, nesse processo, a saúde é construída. Por outro lado, se a organização do trabalho não possibilita ao sujeito trabalhador intervir no processo de organização do trabalho em suas dimensões técnicas e sociais – inviabilizando, assim, a utilização da inteligência prática e a ressignificação do sofrimento –, o sofrimento deixa de ser mobilizado como potência criativa e fonte de prazer, tornando-se possivelmente patogênico[10].

Nesse passo, na perspectiva da Psicodinâmica do Trabalho, a organização do trabalho é o ponto nodal da dinâmica de construção da saúde e, portanto, a preditora dos riscos psicossociais envoltos na realização do trabalho.

Não por outra razão que Christophe Dejours enfatiza que "o trabalho é uma fonte inesgotável de paradoxos. Incontestavelmente, ele dá origem a terríveis processos de alienação, mas pode ser também um possante instrumento a serviço da emancipação, bem como do aprendizado e da experimentação da solidariedade e da democracia"[11].

No contexto capitalista neoliberal, a gestão do trabalho humano tem sido pautada pela ideologia gerencialista, que impõe um modelo de sujeito trabalhador que seja empreendedor de si mesmo, cultue a excelência e o produtivismo, adapte-se às mudanças no mundo do trabalho – inclusive aceitando-as como parte natural do processo de evolução tecnológica no mundo digital. Tal ideologia impõe, ainda, de forma mais sutil e sofisticada, que o sujeito trabalhador não demonstre desconforto ou sofrimento, ao contrário, encare essas imposições, bem como a desestruturação da proteção sociotrabalhista, de forma positiva e competitiva. Com isso, o tempo e o espaço de vida do sujeito ficam predominantemente destinados ao trabalhar, ao produzir.

Essa forma de gestão da subjetividade no trabalho utiliza-se da harmonização entre autonomia e controle, inclusive vinculando, de forma

10. DIAS, Valéria de Oliveira. *A Dimensão Socioambiental do Direito Fundamental ao Trabalho Digno*: uma análise a partir do assédio organizacional nos bancos do Distrito Federal. São Paulo: LTr, 2020, p. 90.

11. DEJOURS, Christophe. *A banalização da injustiça social*. 7. ed. ampliada. Rio de Janeiro: Editora FGV, 2007, p. 141.

direta, produtividade e remuneração, o que tende a transformar o sujeito trabalhador no "sujeito do trabalho", cujo tempo e espaço de vida vão sendo tomados integralmente pelo produzir.

Tal dinâmica, que, regra geral, ocorre de forma não consciente, guia o sujeito trabalhador a perseguir o ideal de trabalhador da organização – o qual, na era digital, tende a ser o competente e incansável *empreendedor digital de si mesmo* –, que, por natureza, é inalcançável. Nesse processo, a sensação de fracasso torna-se inevitável. Vivenciar o fracasso em contexto de pressão crescente para a obtenção de resultados, por sua vez, leva o sujeito a questionar suas próprias capacidades e competências, conduzindo-o a uma crise de identidade, cuja consequência é a desestabilização de sua saúde psicofísica.

Para evitar o adoecimento, o sujeito trabalhador utiliza-se de estratégias de defesa psíquica, entre as quais se destacam a aceleração, a sobrecarga e a servidão voluntária, patologias sociais essas que conduzem o sujeito trabalhador à alienação da realidade e à adaptação às exigências do trabalho[12].

A *aceleração* é uma estratégia de defesa caracterizada pela prática da autoaceleração e é utilizada para tornar suportável o ritmo intenso de trabalho e a pressão constante por produtividade[13].

Já as *patologias da sobrecarga* referem-se à exigência de produção para além da capacidade do trabalhador. Relacionam-se ao trabalho prescrito pela organização do trabalho e se articulam com o sentido do trabalho para o sujeito. Quando o sentido do trabalho é a subsistência, num contexto de precarização dos contratos de emprego e de desemprego estrutural ligado à manutenção de reserva de desempre-

---

12. MENDES, Ana Magnólia; VIVÈS, Jean-Michel. Voz do supereu e melancolização no trabalho que adoece. In: COELHO, Rosana; MOTTA, Diego Airoso da (Orgs.). *Psicanálise & Trabalho*: retratos do contemporâneo. Porto Alegre: Tribunal Regional do Trabalho da 4ª Região, 2020, p. 198.

13. DIAS, Valéria de Oliveira. *A Dimensão Socioambiental do Direito Fundamental ao Trabalho Digno*: uma análise a partir do assédio organizacional nos bancos do Distrito Federal. São Paulo: LTr, 2020, p. 90.

gados, o trabalhador pode desenvolver essa patologia com a finalidade de manter a própria subsistência e de sua família[14].

A *servidão voluntária* é uma patologia social decorrente dos modos de organização do trabalho pautados na racionalidade econômica e na flexibilização do capital, cujo pressuposto está centrado na "submissão consentida e legitimada pela naturalização e banalização do sofrimento, das injustiças e do mal, como modo de garantir a produtividade da organização do trabalho"[15]. Essa patologia articula-se ainda com as disciplinas da fome e do medo, o que aumenta os níveis de exploração auto consentida e/ou a dedicação ilimitada de si mesmo ao trabalho.

Essas estratégias de defesa do sujeito foram apreendidas no contexto do capitalismo neoliberal e, especialmente na era das tecnologias digitais, instrumentalizadas para a captura da subjetividade do sujeito trabalhador e a expropriação máxima de suas potencialidades, com o menor custo possível.

Aliadas a um contexto de precarização do trabalho, essas dinâmicas potencializam o surgimento e/ou desencadeamento de psicopatologias e transtornos mentais e comportamentais, entre os quais se sobressaem, por exemplo, os quadros depressivos, os transtornos de ansiedade e de estresse pós-traumático, os distúrbios do sono, digestivos e circulatórios e o esgotamento profissional (síndrome de *burnout*).

3.2. PRESSUPOSTOS METODOLÓGICOS

Esta é uma pesquisa de caráter social, quantitativa, exploratória e descritiva. O objetivo delimitado é, em síntese, compreender o trabalho de divulgadores em plataformas digitais de consumo e mapear seus riscos psicossociais, o que se realizará a partir da identificação do per-

14. DIAS, Valéria de Oliveira. *A Dimensão Socioambiental do Direito Fundamental ao Trabalho Digno*: uma análise a partir do assédio organizacional nos bancos do Distrito Federal. São Paulo: LTr, 2020, p. 97.

15. MENDES, Ana Magnólia. Novas formas de organização do trabalho, ação dos trabalhadores e patologias sociais. *In*: MENDES, Ana Magnólia (org.). *Psicodinâmica do trabalho*: teoria, método e pesquisas. São Paulo: Casa do Psicólogo, 2007, p. 56 (grifo nosso).

fil sociodemográfico e de trabalho daqueles que se ativam, como divulgadores, em plataformas digitais de consumo.

Os objetivos perseguidos viabilizaram a formulação de reflexões jurídicas para a proteção justrabalhista daqueles que trabalham em plataformas digitais de consumo, inclusive pela via da negociação coletiva, de modo a garantir a efetivação do direito fundamental ao trabalho digno, nos termos estabelecidos pela Constituição Federal de 1988.

O instrumento de coleta de dados foi elaborado no *Google* Formulários em versão on-line autoaplicável individualmente e de forma anônima, cujo *link* foi divulgado conforme descrito a seguir. O instrumento foi subdividido em sete seções (Anexo A).

A primeira seção apresentou a pesquisa e seu objetivo principal, além do termo de consentimento livre e esclarecido da participação voluntária do respondente. O formulário on-line para participação na pesquisa esteve disponível do dia 7 de novembro de 2021 ao dia 7 de janeiro de 2022. Ou seja, foram dois meses de coleta de dados. Os respondentes não foram nomeados e não informaram *e-mail*, tampouco forneceram quaisquer informações que possibilitassem eventual identificação. Todas as respostas compiladas foram analisadas em conjunto, na medida em que as informações individualmente indicadas foram tratadas de forma sigilosa e anônima, por questões éticas atinentes à pesquisa científica.

A segunda seção objetivou delinear os dados demográficos e o perfil do respondente. Foram elaboradas 14 questões com as seguintes variáveis: sexo, idade, etnia, escolaridade, estado civil, residência, associação sindical, tempo de trabalho como divulgador, existência de outra atividade profissional, renda média mensal como divulgador, autopercepção profissional, histórico profissional, horas diárias de trabalho e existência de trabalho aos finais de semana e feriados.

Da terceira à sétima seção, utilizou-se o Protocolo de Avaliação dos Riscos Psicossociais no Trabalho (PROART) desenvolvido por Emílio Peres Facas, pesquisador do Programa de Pós-Graduação em Psicologia Social da UnB[16]. O PROART é um modelo teórico de investigação dos Riscos Psicossociais do Trabalho, cujo pressuposto teórico é a Psi-

16. FACAS, Emílio Peres. *Protocolo de Avaliação dos Riscos Psicossociais no Trabalho* – Contribuições da Psicodinâmica do Trabalho. Tese apresentada ao Programa de Pós-Gradu-

codinâmica do Trabalho. Os instrumentos de avaliação foram desenvolvidos por meio de categorias empíricas para subsidiar a investigação e a intervenção nas relações entre sujeito, trabalho e saúde.

Esse instrumento de pesquisa empírica desenvolvido por Emílio Peres Facas objetiva investigar as características da organização prescrita do trabalho, os estilos de gestão e os riscos de sofrimento patogênico no trabalho. Noutros termos, o PROART busca identificar os potenciais danos físicos, sociais e psicológicos decorrentes do trabalho, de modo a possibilitar a avaliação dos fatores de risco psicossociais presentes no contexto das relações de trabalho em estudo e oferecer subsídios para a elaboração de políticas de saúde ocupacional visando ao alcance da dignidade no e pelo trabalho[17].

Originalmente, o protocolo é composto por 93 itens subdivididos em quatro escalas: Organização Prescrita do Trabalho, Estilos de Gestão, Sofrimento Patogênico no Trabalho e Avaliação dos Danos Relacionados ao Trabalho.

Nesta pesquisa, algumas questões do protocolo foram adaptadas e/ou suprimidas com o objetivo de atender as peculiaridades do trabalho de venda realizado em plataformas digitais de consumo. Desse modo, o questionário aplicado contou com 76 questões que, de igual modo, abrangeram as quatro escalas propostas pelo autor, conforme se especificará a seguir.

A primeira escala, "Escala de Organização Prescrita do Trabalho", refere-se à forma como o trabalho é organizado. Ou seja, cada item objetiva verificar as normas, regras, demandas e expectativas exigidas pela empresa e, especialmente, "objetiva apreender as representações que os trabalhadores têm acerca das tarefas que precisam realizar; das condições materiais oferecida para suas execuções; da flexibilidade de prazos, ritmos e normas; da variabilidade das tarefas; e da autonomia e liberdade para realizar e falar sobre o trabalho"[18].

ação em Psicologia Social, do Trabalho e das Organizações, do Instituto de Psicologia da Universidade de Brasília, 2013.

17. FACAS, Emílio Peres. *Protocolo de Avaliação dos Riscos Psicossociais no Trabalho* – Contribuições da Psicodinâmica do Trabalho. Tese apresentada ao Programa de Pós-Graduação em Psicologia Social, do Trabalho e das Organizações, do Instituto de Psicologia da Universidade de Brasília, 2013, p. 139 e 140.

18. *Ibid.*, p. 120 e 121.

A segunda escala, "Escala de Estilos de Gestão", procura mensurar as formas de sentir, pensar e agir compartilhadas na/pela empresa, na medida em que são constituintes do estilo de gestão. A identificação do estilo de gestão é preditora de riscos de sofrimento patogênico e de riscos de danos psicossociais, porque retratam as relações simbólicas estabelecidas entre o sujeito e a empresa[19].

A terceira escala, "Escala de Sofrimento Patogênico no Trabalho", objetiva identificar as formas de sentir, pensar e agir compartilhadas pelos trabalhadores. Os três itens que a integram – Inutilidade, Indignidade e Desqualificação – são parte constituinte do estilo de gestão adotado[20].

Por fim, a quarta escala, "Avaliação dos Danos Relacionados ao Trabalho", referem-se às disfunções físicas, psicológicas e sociais provocadas pela inter-relação da organização do trabalho, do estilo de gestão e das vivências de sofrimento[21].

A avaliação das escalas apresenta graduação de resultados (riscos baixo, médio e alto) e é encontrada a partir da média constatada em cada item respondido, segundo a Escala do Tipo *Likert*[22].

Em síntese, o PROART é uma ferramenta de análise embasada na Psicodinâmica do Trabalho apta a avaliar as especificidades de determinado contexto laboral e seus efeitos nos sujeitos trabalhadores, viabilizando, assim, a avaliação de *fatores de riscos psicossociais.*

---

19. FACAS, Emílio Peres. *Protocolo de Avaliação dos Riscos Psicossociais no Trabalho* – Contribuições da Psicodinâmica do Trabalho. Tese apresentada ao Programa de Pós-Graduação em Psicologia Social, do Trabalho e das Organizações, do Instituto de Psicologia da Universidade de Brasília, 2013, p. 123.

20. *Ibid.*, p. 128.

21. *Ibid.*, p. 130.

22. A Escala do Tipo *Likert* é um tipo de escala para questionário cujas respostas psicométricas mensuram posturas, opiniões e comportamentos com um nível mais aprimorado de nuances se comparado, por exemplo, com questionários que se utilizam de questões cujas respostas sejam "sim" ou "não". Sobre o tema, consultar, entre outros: Dalmoro, Marlon; Vieira, Kelmara Mendes. Dilemas na construção de escalas Tipo Likert: o número de itens e a disposição influenciam nos resultados? *Revista Gestão Organizacional*. v. 6 n. 3 (2013): Edição Especial – Epistemologia e Métodos de Pesquisa em Administração e Contabilidade.

Esclareça-se que os fatores de risco psicossocial se relacionam com a dinâmica existente entre os sujeitos trabalhadores e o seu trabalho, a qual envolve, entre outros fatores, "o desempenho profissional; o controle e autonomia – inclusive em relação às funções, tarefas e atividades realizadas; a jornada e intensidade do trabalho; as características organizacionais e o ambiente interno e externo no qual as organizações de trabalho se inserem".[23]

Quando tais fatores de riscos psicossociais são negativos, a experiência vivenciada pelos trabalhadores é de *sofrimento patogênico*, que antecede o *adoecimento no trabalho*. Nessa medida, os fatores de riscos psicossociais vinculam-se e antecedem os danos à saúde física e mental dos trabalhadores, "acidentes de trabalho, suicídio e abuso de substância, por exemplo"[24].

Para melhor compreensão, reproduz-se, a seguir, a representação esquemática do instrumento empírico de investigação utilizado nesta pesquisa, o PROART:

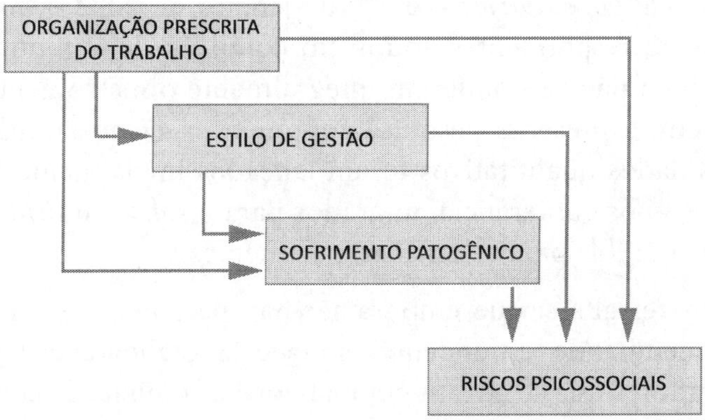

Figura 1 – *Proposta de Modelo Empírico de Investigação*[25]

23. RODRIGUES, Carlos Manoel Lopes; FAIAD, Cristiane; FACAS, Emílio Peres. Fatores de Risco e Riscos Psicossociais no Trabalho: Definição e Implicações. *Psicologia*: *Teoria e Pesquisa*, Brasília, 2020, v. 36, e36nspe19, p. 2.

24. *Id.*

25. FACAS, Emílio Peres. *Protocolo de Avaliação dos Riscos Psicossociais no Trabalho* – Contribuições da Psicodinâmica do Trabalho. Tese apresentada ao Programa de Pós-Graduação em Psicologia Social, do Trabalho e das Organizações, do Instituto de Psicologia da Universidade de Brasília, 2013, p. 133.

No tocante à operacionalização da pesquisa, cabem alguns esclarecimentos.

As estratégias para a divulgação do formulário desta pesquisa perpassaram as redes sociais, especificamente Facebook e Instagram, por serem os meios de comunicação comumente utilizados para a divulgação e venda de produtos no comércio digital do varejo.

Além disso, a divulgação da pesquisa contou com a importante participação da CNTC, que contatou os dirigentes sindicais situados no Estado de São Paulo, via *WhatsApp*, solicitando a mobilização das respectivas bases sindicais para divulgar amplamente o formulário de pesquisa. Tal estratégia mostrou-se relevante diante da hipótese dos trabalhadores divulgadores, que atualmente se ativam por meio de plataformas digitais de consumo, já terem sido empregados que atuaram direta e presencialmente em lojas físicas do ramo do comércio varejista de bens.

Findo o prazo de disponibilização do instrumento de coleta de dados no *Google Formulários* – em 7 de janeiro de 2022 –, foram contabilizados 52 respondentes, todos em condição de anonimato, entre os quais cinco não responderam integralmente o instrumento de pesquisa. Assim, a presente pesquisa contou com 47 questionários válidos, cujos dados quantitativos foram lançados inicialmente no *Microsoft Excel* e, após conferência, migrados para o *software IBM SPSS Statistics 28.0.1.1 (14)* para as análises pertinentes.

Por fim, ressalte-se que, embora não haja parâmetros para delinear o efetivo percentual de respondentes em face da totalidade de trabalhadores divulgadores que se ativam em plataformas digitais de consumo, há indícios de que esta pesquisa apresenta pequeno contingente amostral, sobretudo se considerada a expansão desse tipo de relação do trabalho desde a revolução digital e, sobretudo, a partir do contexto pandêmico.

3.3. RESULTADOS ALCANÇADOS

3.3.1. Perfil sociodemográfico da amostra

Conforme ressaltado, o instrumento de coleta de dados em versão on-line autoaplicável individualmente foi encaminhado por meio de redes sociais (*Facebook* e *Instagram*). Responderam ao questionário um total de 47 trabalhadores divulgadores, em condição de anonimato, cujas características sociodemográficas serão descritas a seguir.

O **Gráfico 1** retrata o gênero dos respondentes.

Gráfico 1 – Gênero

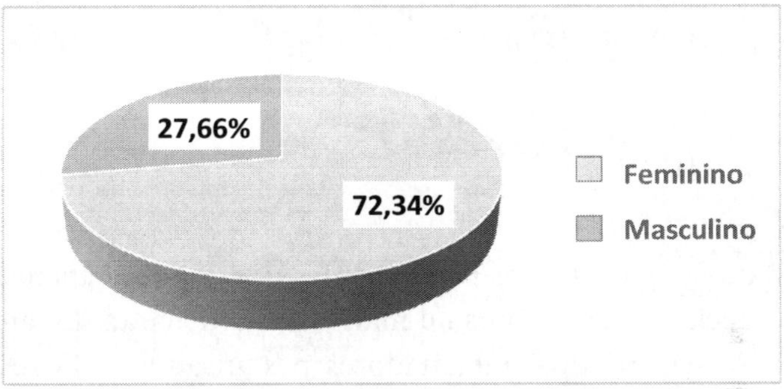

Verifica-se que o quantitativo de mulheres apurado é significativamente maior que o de homens. Responderam à pesquisa 34 pessoas do sexo feminino e 13 do sexo masculino.

Embora esta pesquisa não tenha se detido ao recorte de gênero, em razão dos objetivos e limites demarcados, é importante destacar alguns achados.

Os resultados sugerem a possibilidade de uma maior inserção de mulheres no mercado informal de trabalho. Tal hipótese guarda relação, por exemplo, com os dados divulgados pelo IBGE na Pesquisa Nacional por Amostra de Domicílios Contínua (PNAD Contínua) referentes ao terceiro trimestre de 2021. A distribuição percentual de homens desocupados[26] apurada no período foi de 45,2%; a de mulheres, no mesmo período, foi de 54,8%.

O **Gráfico 2** ilustra a faixa etária dos respondentes que se ativam como trabalhadores divulgadores.

26. Segundo o IBGE, a população de desocupados é composta por pessoas na força de trabalho que estão desempregadas.

Gráfico 2 – Faixa Etária

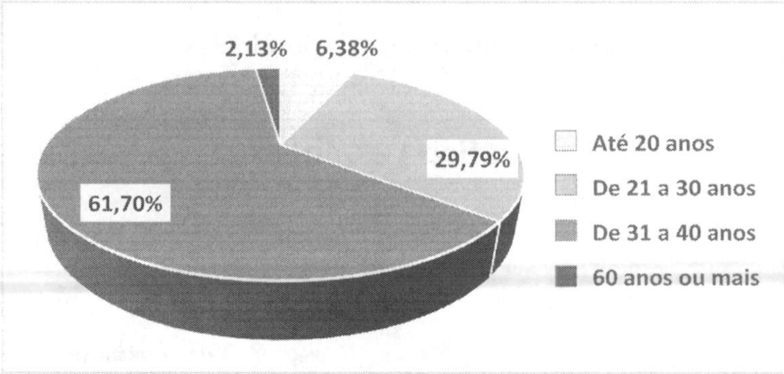

Constata-se que entre os participantes da pesquisa, apenas um respondente declarou ter 60 anos ou mais e três afirmaram ter até 20 anos de idade. A maioria dos trabalhadores pesquisados – 43 respondentes – declararam ter de 21 a 40 anos. Entre esses, predominam os respondentes cuja idade está entre 31 e 40 anos, a saber, 29 divulgadores.

O **Gráfico 3** retrata a autodeclaração de raça, cor e/ou etnia dos respondentes.

Gráfico 3 – Raça, cor, etnia

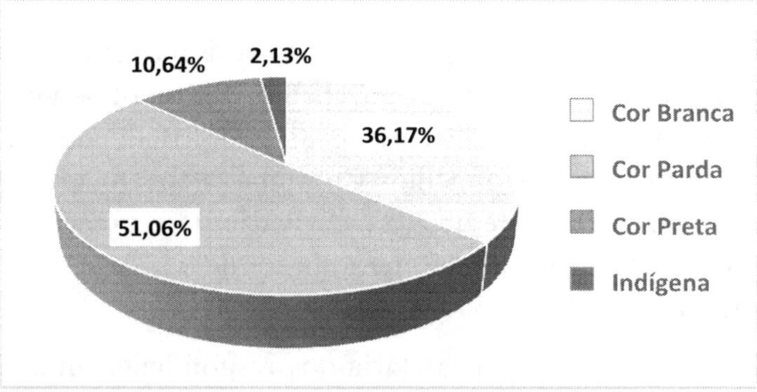

A pesquisa denotou que, entre os pesquisados, predominam aqueles que se autodeclaram de cor parda – 51,06% dos respondentes, ou seja, 24 pessoas. Em seguida, seguem 36,17% dos respondentes, ou seja, 17 pessoas, que se autodeclaram de cor branca. Ademais, cinco pessoas, que representam 10,64% da amostra, se autodeclaram de cor preta; e apenas uma se autodeclara indígena.

O **Gráfico 4** aponta a escolaridade dos respondentes.

Gráfico 4 – Escolaridade

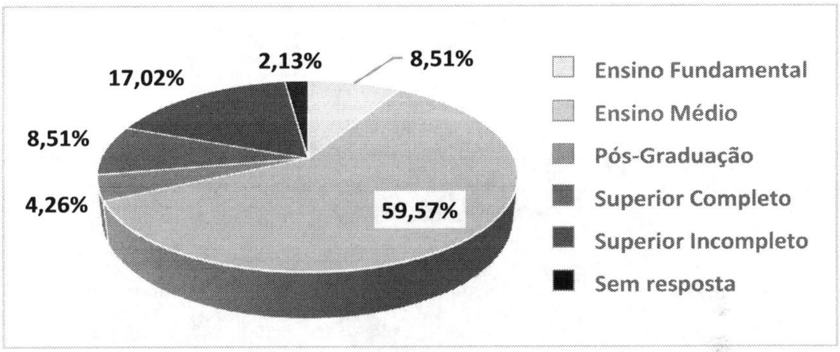

A distribuição da amostra quanto ao grau de escolaridade denota a predominância de trabalhadores com ensino médio completo (28 pessoas, ou seja, quase 60% dos respondentes). Se contabilizados os divulgadores com ensino superior incompleto, o quantitativo de trabalhadores respondentes que possuem o ensino médio eleva-se para 36 pessoas (76,60% dos respondentes). Saliente-se que quatro respondentes declararam possuir o ensino fundamental; quatro, superior completo; dois, pós-graduação; e um, deixou de responder essa questão.

O **Gráfico 5** registra o estado civil dos respondentes.

Gráfico 5 – Estado Civil

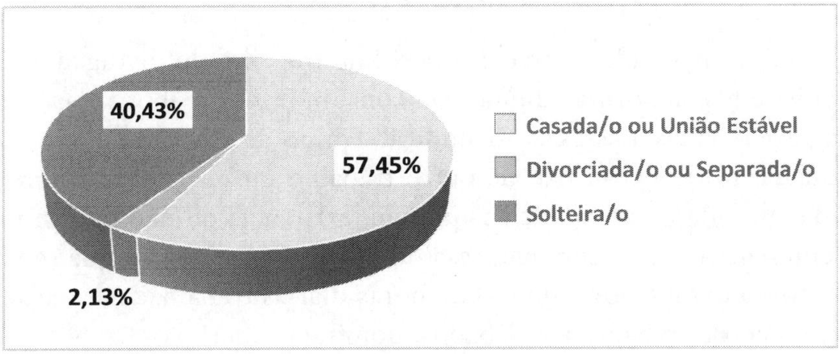

No tocante ao estado civil, mais da metade dos respondentes, 57,45%, se declarou casado ou em união estável; 40,43%, solteiros; 2,13%, divorciado ou separado; e não houve declaração de viuvez.

O **Gráfico 6** retrata o estado de residência dos respondentes.

Gráfico 6 – Estado / Residência

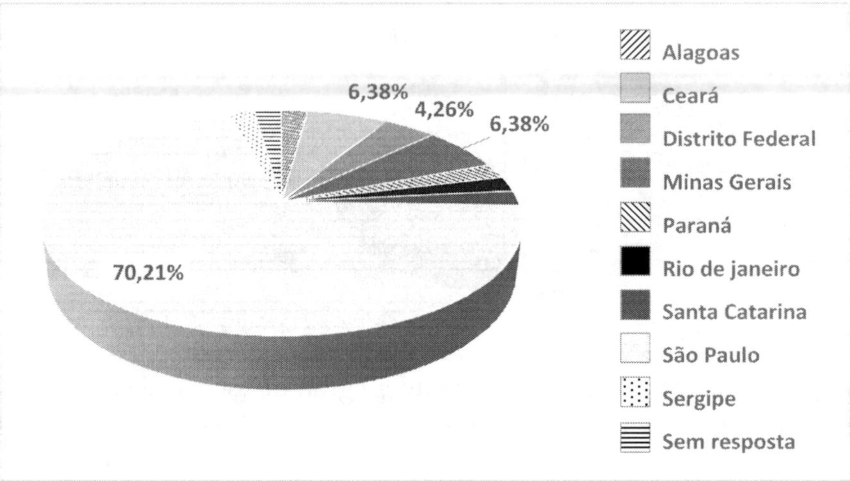

Entre os 47 respondentes, 33 declararam residir no Estado de São Paulo (70,21% da amostra); três no Estado do Ceará (6,38%); três no Estado de Minas Gerais (6,38%); e dois no Distrito Federal (4,26%). Os demais Estados da Federação apurados na pesquisa foram representados por apenas um respondente, o que equivale a 2,13% dos respondentes. Apenas um respondente deixou de informar o estado de residência.

3.3.2. Perfil de trabalho da amostra

Com a finalidade de traçar o perfil de trabalho do divulgador que se ativa em plataformas digitais de consumo, foram abordadas questões relacionadas à associação sindical, tempo de atuação na atividade estudada, presença ou não de outro trabalho ou relação de emprego, renda auferida na atividade pesquisada, existência ou não de contrato de emprego anterior com empresa do comércio varejista a que se vincula como divulgador, número de horas diárias trabalhadas e existência ou não de trabalho aos sábados, domingos e feriados.

O **Gráfico 7** representa o quantitativo de respondentes associados ao sindicato da categoria dos comerciários.

Gráfico 7 – Associação sindical

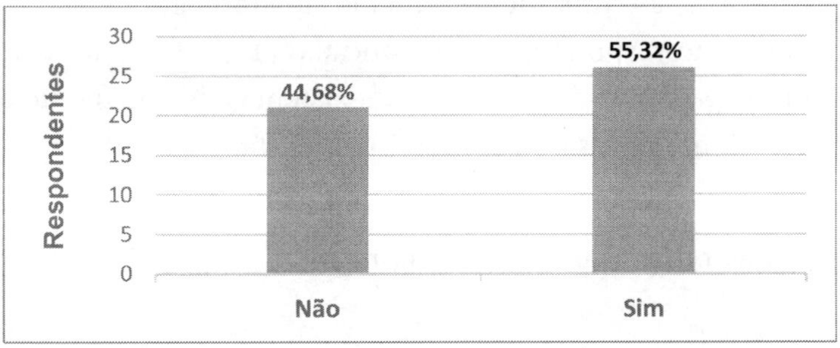

Constata-se que 55,32% da amostra, ou seja, 26 entre os 47 respondentes, são associados ao sindicato da categoria dos comerciários, o que sinaliza para o fato de esses trabalhadores divulgadores serem ou terem sido empregados de alguma empresa do comércio varejista de bens.

Considerando tal hipótese, o instrumento de pesquisa buscou apurar entre os divulgadores quantos possuíram vínculo de emprego anterior com empresa do comércio varejista a que se vincula como trabalhador divulgador. Confira-se o registro no **Gráfico 8** a seguir:

Gráfico 8 – Vínculo de emprego anterior com empresa do ramo do comércio varejista

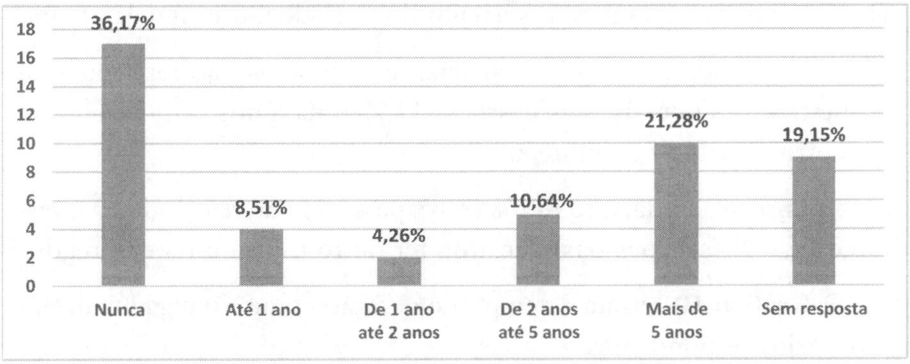

Apurou-se que quase 50% dos respondentes (44,68%) tiveram vínculo formal de emprego reconhecido com empresa do comércio varejista. Entre esses 21 respondentes, 10 mantiveram vínculo de emprego por mais de cinco anos com a empresa; cinco, de 2 a 5 anos; dois, de 1 até 2 anos; e 4, até um ano de vínculo de emprego. Registre-se que nove pessoas não responderam essa questão (19,15% da amostra) e 17 respondentes (36,17%) declararam a inexistência de vínculo de emprego anterior com empresa do comércio varejista.

O **Gráfico 9** demonstra o percentual de respondentes que possuem, na atualidade, outro trabalho ou emprego.

Gráfico 9 – Possui outro trabalho ou emprego

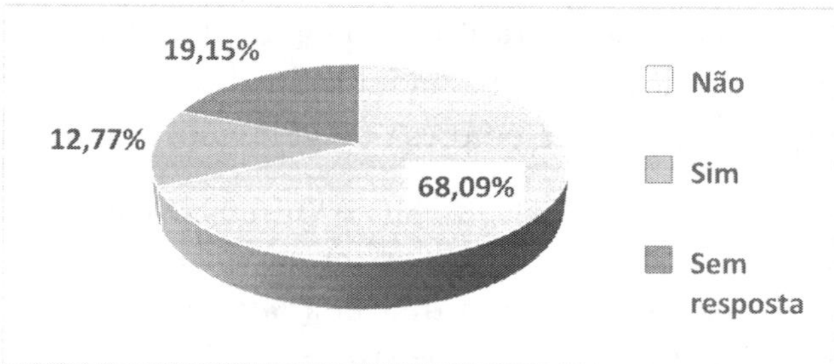

Efetivamente, considerando a amostra, constatou-se que 68,09%, ou seja, 32 respondentes não acumulam a atuação como divulgador com outro trabalho ou emprego, o que denota a amplitude e a importância desse trabalho para o sustento dos trabalhadores que lá atuam.

Em contrapartida, 19,5%, ou seja, nove pessoas não responderam à questão e as demais, seis pessoas (12,77% da amostra), declararam ter outro trabalho ou emprego.

Apurou-se, ainda, que 19,5% (nove pessoas) não respondeu à questão e 12,77% (seis pessoas) declarou ter outro trabalho ou emprego.

O **Gráfico 10** retrata o tempo de atuação como divulgador declarado pelos respondentes.

Gráfico 10 – Tempo de atuação como divulgador

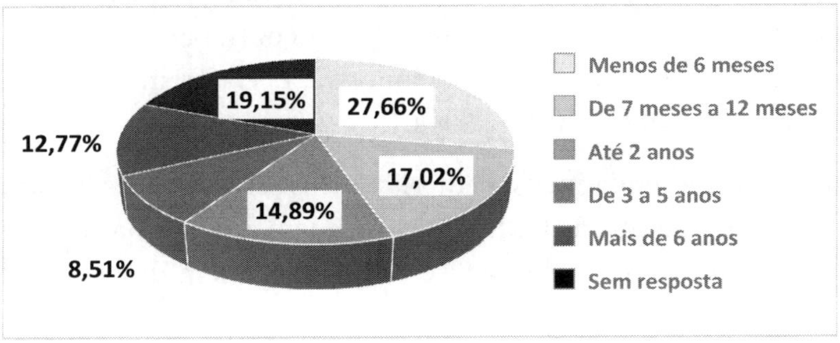

Nesta pesquisa, constatou-se que 28 pessoas, cerca de 60% dos respondentes, possuíam tempo de atuação como divulgador de até 2 anos. Tal dado sinaliza que a pandemia da Covid-19 e a decorrente elevação do índice de desemprego acirraram a procura por esse tipo de trabalho, o que contribuiu para a expansão das relações virtuais no comércio.

O **Gráfico 11** apresenta a renda média mensal auferida pelos respondentes.

Gráfico 11 – Renda média mensal auferida como divulgador

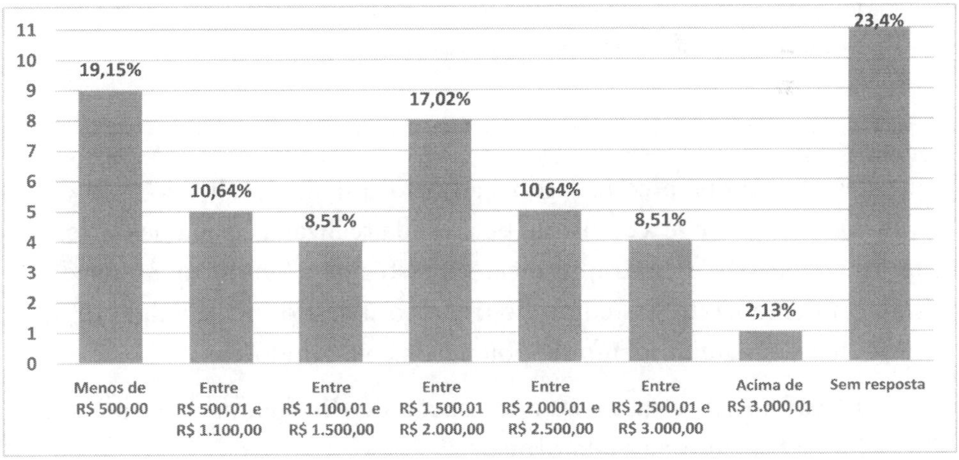

Verificou-se que 11 pessoas, o que corresponde a 23,4% da amostra, não responderam essa questão. Nove pessoas declararam receber menos de R$ 500,00 mensais e cinco, entre R$ 500,01 e R$ 1.100,00. Vale dizer que 14 pessoas, quase 30% da amostra, possuem renda média mensal inferior ao salário-mínimo. Em contrapartida, apenas cinco respondentes, cerca de 11% da amostra, declararam possuir renda média mensal superior a R$ 2.500,01.

A análise da renda mensal auferida pelos respondentes, a partir do sexo, demonstrou que as mulheres constituem a maior parte da amostra que optou por não responder essa questão. Além disso, a pesquisa demonstrou que as mulheres predominaram no grupo que informou renda auferida como divulgador inferior a R$500,00 (quinhentos reais). Tais constatações podem ser observadas no **Gráfico 12** a seguir.

Gráfico 12 – Renda média mensal auferida como divulgador por sexo

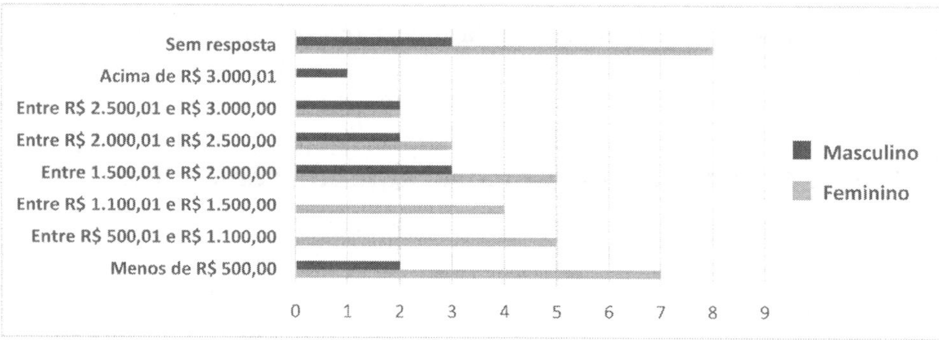

Ressalte-se que a contraprestação pelo trabalho realizado pelo divulgador se restringe à comissão pela venda realizada e paga pelo cliente. Atente-se que a contraprestação se restringe à venda concretizada, independentemente do tempo de trabalho investido na divulgação de produtos e no atendimento de potenciais consumidores.

O **Gráfico 13** retrata a autopercepção do divulgador quanto à sua relação de trabalho na plataforma.

Gráfico 13 – Autopercepção do divulgador

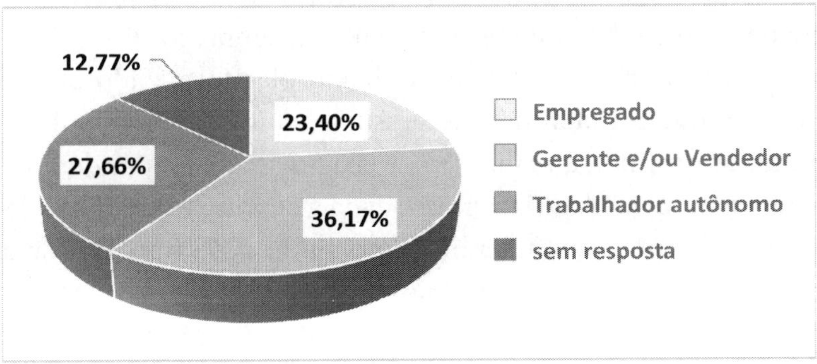

Nesse aspecto, os dados apurados denotam que 59% dos trabalhadores se percebem como empregado (23,4%) ou gerente/vendedor da Empresa (36,17%). A autopercepção do divulgador converge com a atividade proposta pelo ente empresarial: divulgação e venda de produtos por meio de redes sociais.

Tanto o trabalho prescrito – a atividade designada por empresa do varejo a ser executada observando seu normativo – quanto o real do trabalho – a materialização, a partir do saber-fazer, da inteligência do corpo, da atividade prescrita – executado pelo divulgador circunscrevem-se à *atividade típica de vendedor*, acrescida da atribuição de expansão do *marketing* empresarial, interiorizando-o nas relações interpessoais travadas na comunidade, inclusive virtual, na qual se situa o trabalhador divulgador.

Note-se que apenas 28% da amostra dos trabalhadores divulgadores se identificou como trabalhador autônomo, embora desempenhe atividades finalísticas do empregador: divulgação e venda de produtos do varejo. Uma das hipóteses a ser considerada é que o trabalhador se considere autônomo por exercer a atividade de venda de forma atípica – por meio de plataforma, em ambiente virtual, distante da planta física empresarial –, embebido pelo discurso neoliberal digital que conclama o empreendedorismo de si mesmo e naturaliza a desproteção sociotrabalhista.

Frise-se que prestar serviços relativos à atividade-fim empresarial em ambiente virtual – em outras palavras, prestar serviços relativos à atividade-fim para além dos espaços intramuros empresariais em modalidade equivalente ao *teletrabalho* – em tese não inviabilizaria a possibilidade de reconhecimento de vínculo de emprego direto com empresa do varejo que se utiliza do trabalho plataformizado para destinar, a um número indefinido de pessoas (*crowdsourcing*, multidão ou comunidade on-line), a realização de sua atividade preponderante. Em princípio, não inviabilizaria, ainda – dada a atividade de vendas de produtos de consumo –, o enquadramento sindical do trabalhador divulgador na categoria dos comerciários.

Gráfico 14 – Horas diárias trabalhadas em divulgação e vendas de produtos

O **Gráfico 14** demonstra as horas diárias trabalhadas pelos respondentes da amostra. Note-se que, considerando um total de 47 participantes, um número significativo de trabalhadores (12 pessoas, ou seja, 25,53%) não respondeu essa questão; entre elas, um respondente teve sua resposta desconsiderada por ter selecionado duas respostas de forma concomitante, quais sejam, entre 6 e 8 horas por dia e entre 8 e 10 horas por dia.

Por outro lado, 10 trabalhadores (21,28%) afirmaram trabalhar como divulgador até 1 hora por dia; 8 trabalhadores (17,02%), até 6 horas por dia; e 8 trabalhadores (17,02%), entre 6 e 8 horas por dia.

O **Gráfico 15** informa a existência (ou não) de trabalho aos sábados, domingos e feriados.

Gráfico 15 – Trabalho aos sábados, domingos e feriados

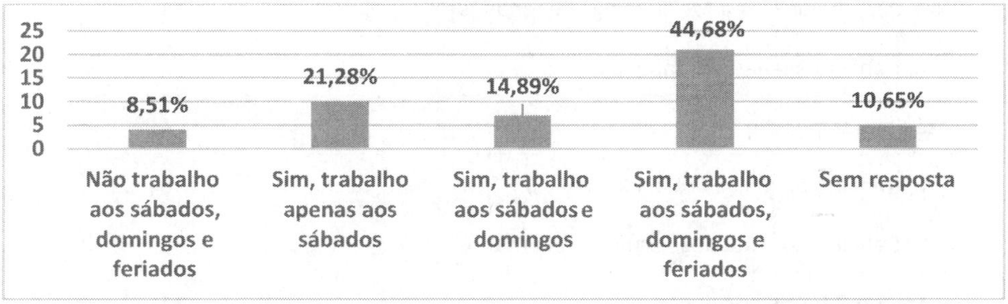

Note-se que quase 15% dos pesquisados declararam trabalhar aos sábados e domingos. Quase 45% da amostra declarou trabalhar aos sábados, domingos e feriados. No total, cerca de 60% dos respondentes trabalharam sem a garantia do direito fundamental à limitação da jornada de trabalho estabelecida na Constituição Federal de 1988 (art. 7º, XIII, CF/88).

Rememore-se, no tocante à renda auferida pelo trabalho realizado na plataforma digital de consumo, que quase 30% da amostra declarou obter renda média mensal inferior ao salário-mínimo e, entre esses, mais de 19% declarou receber menos de R$500,00.

Para compreender o impacto das horas diárias trabalhadas e da frequência semanal de trabalho na renda média mensal auferida pelo trabalhador que se ativa como divulgador, apurou-se o que se segue na **Tabela 1**.

Tabela 1 – Impacto das horas diárias trabalhadas e da frequência semanal na renda média mensal

Impacto das horas diárias trabalhadas e da frequência semanal na renda média mensal	Quantidade de Trabalhadores
Menos de R$ 500,00	**9**
Até 1 hora por dia	**3**
Não trabalho aos sábados, domingos e feriados	1
Sim, trabalho apenas aos sábados	2
Até 6 horas por dia	**4**
Sim, trabalho apenas aos sábados	3
Sim, trabalho aos sábados, domingos e feriados	1
Entre 6 e 8 horas por dia	**1**
Sim, trabalho apenas aos sábados	1
Entre 10 e 12 horas por dia	**1**
Sim, trabalho aos sábados e domingos	1
Entre R$ 500,01 e R$ 1.100,00	**5**
Até 1 hora por dia	**1**
Sim, trabalho aos sábados e domingos	1
Até 6 horas por dia	**1**
Não trabalho aos sábados, domingos e feriados	1
Entre 6 e 8 horas por dia	**2**
Não trabalho aos sábados, domingos e feriados	1
Sim, trabalho aos sábados, domingos e feriados	1
Sem resposta (horas diárias trabalhadas)	**1**

Impacto das horas diárias trabalhadas e da frequência semanal na renda média mensal	Quantidade de Trabalhadores
Sim, trabalho aos sábados, domingos e feriados	1
Entre R$ 1.100,01 e R$ 1.500,00	**4**
Até 1 hora por dia	**1**
Sim, trabalho aos sábados, domingos e feriados	1
Até 6 horas por dia	**2**
Sim, trabalho aos sábados, domingos e feriados	2
Entre 6 e 8 horas por dia	**1**
Sim, trabalho aos sábados, domingos e feriados	1
Entre 1.500,01 e R$ 2.000,00	**8**
Até 6 horas por dia	**1**
Sim, trabalho aos sábados e domingos	1
Entre 6 e 8 horas por dia	**1**
Sim, trabalho apenas aos sábados	1
Entre 8 e 10 horas por dia	**3**
Sim, trabalho apenas aos sábados	1
Sim, trabalho aos sábados e domingos	1
Sim, trabalho aos sábados, domingos e feriados	1
Entre 10 e 12 horas por dia	**1**
Sim, trabalho aos sábados, domingos e feriados	1
Sem resposta (horas diárias trabalhadas)	**2**
Sim, trabalho aos sábados, domingos e feriados	1
Sem resposta (frequência semanal)	1

Impacto das horas diárias trabalhadas e da frequência semanal na renda média mensal	Quantidade de Trabalhadores
Entre R$ 2.000,01 e R$ 2.500,00	**5**
Entre 8 e 10 horas por dia	**2**
Sim, trabalho aos sábados e domingos	1
Sim, trabalho aos sábados, domingos e feriados	1
Mais de 12 horas por dia	**2**
Sim, trabalho aos sábados, domingos e feriados	2
Sem resposta (horas diárias trabalhadas)	**1**
Sem resposta (frequência semanal)	1
Entre R$ 2.500,01 e R$ 3.000,00	**4**
Até 1 hora por dia	**2**
Sim, trabalho aos sábados, domingos e feriados	1
Sim, trabalho apenas aos sábados	1
Entre 6 e 8 horas por dia	**2**
Sim, trabalho aos sábados, domingos e feriados	2
Acima de R$ 3.000,01	**1**
Entre 6 e 8 horas por dia	**1**
Sim, trabalho aos sábados, domingos e feriados	1
Sem resposta (renda média mensal)	**11**
Até 1 hora por dia	**3**
Não trabalho aos sábados, domingos e feriados	1
Sim, trabalho apenas aos sábados	1
Sim, trabalho aos sábados, domingos e feriados	1

Impacto das horas diárias trabalhadas e da frequência semanal na renda média mensal	Quantidade de Trabalhadores
Sem resposta (horas diárias trabalhadas)	**8**
Sim, trabalho aos sábados e domingos	2
Sim, trabalho aos sábados, domingos e feriados	3
Sem resposta (frequência semanal)	3
Total Geral da Amostra	**47**

Elaborado pelas autoras.

Tendo em vista a regulação justrabalhista quanto à jornada de trabalho e aos descansos e pausas, destacam-se os achados na cor cinza claro que representam os 26 integrantes da amostra, ou seja, mais da metade dos 47 respondentes (55,32%), que declararam ter jornada de trabalho acima do limite constitucional e em desrespeito ao descanso semanal remunerado.

Os *direitos à limitação da jornada e à desconexão* estão intrinsecamente relacionados à dignidade humana no trabalho e aos direitos fundamentais à saúde e ao meio ambiente de trabalho equilibrado. Nessa medida, os direitos relativos ao tempo de trabalho analisados tanto na dimensão do sujeito, do valor social do trabalho, quanto do meio ambiente do trabalho revelam-se indissociáveis à *dimensão socioambiental do direito fundamento ao trabalho digno.*

Sob a perspectiva do patamar mínimo civilizatório estabelecido na Constituição Federal de 1988, observa-se que, considerando-se o apurado, 6,38% dos pesquisados laboram excedendo o limite constitucional de jornada e sem o exercício do direito ao repouso semanal remunerado para auferir renda média mensal de até um salário-mínimo. Por outro lado, para auferir renda superior ao salário-mínimo, 48,93% da amostra declarou trabalhar além dos limites de jornada estabelecidos na Constituição Federal de 1988.

O **Gráfico 16** sintetiza a percepção do respondente no tocante à utilização de estilo pessoal para alcançar clientes.

Gráfico 16 – No meu trabalho utilizo meu estilo pessoal para alcançar meus clientes

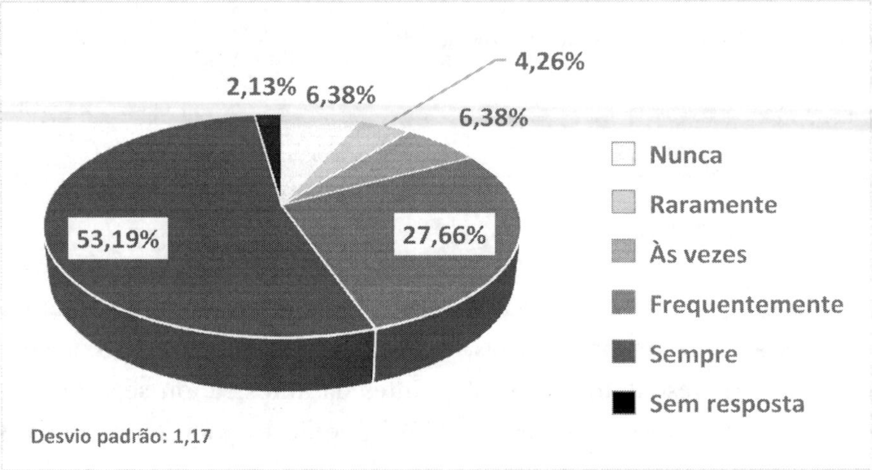

Essa questão sinaliza a possibilidade de se utilizar de criatividade e inventividade no trabalho para o alcance de resultados. Preponderaram aqueles que, sempre ou frequentemente, utilizam de seu estilo pessoal para promover a venda de produtos e de mercadorias (mais de 80% da amostra).

A liberdade conferida ao trabalhador divulgador no tocante à utilização de estilo pessoal, ou seja, de seu saber-fazer e de sua inteligência prática, é coerente com a proposta empresarial: atuação de pessoa física como vendedor, por meio de redes sociais próprias, a qual requer, no mínimo, o uso de criatividade e investimento em relações interpessoais.

Embora o trabalhador divulgador se utilize de mídia digital elaborada em campanhas de *marketing* de empresa do varejo, a sua atuação está, em grande medida, centrada na adequação de produtos e mercadorias às necessidades e desejos dos potenciais consumidores. Isso requer a personalização do atendimento, adequando-o às eventuais peculiaridades regionais e locais, o que nem sempre é possível alcançar por meio dos sites empresariais.

Por outro lado, quanto à flexibilidade para atuar em questões voltadas à maior possibilidade de concretização de venda, tais como, concessão de descontos, formas de pagamento ou parcelamento diferenciadas e frete grátis, os dados apurados denotaram que 31,91% dos trabalhadores divulgadores afirmaram não possuir liberdade para efetivá-los, estando inteiramente condicionados às diretrizes empresariais.

Para fins de ilustração, observem-se os dados representados no **Gráfico 17** a seguir.

Gráfico 17 – No meu trabalho como divulgador tenho liberdade para oferecer descontos, formas de pagamento diferenciadas, parcelamento e frete grátis aos meus clientes

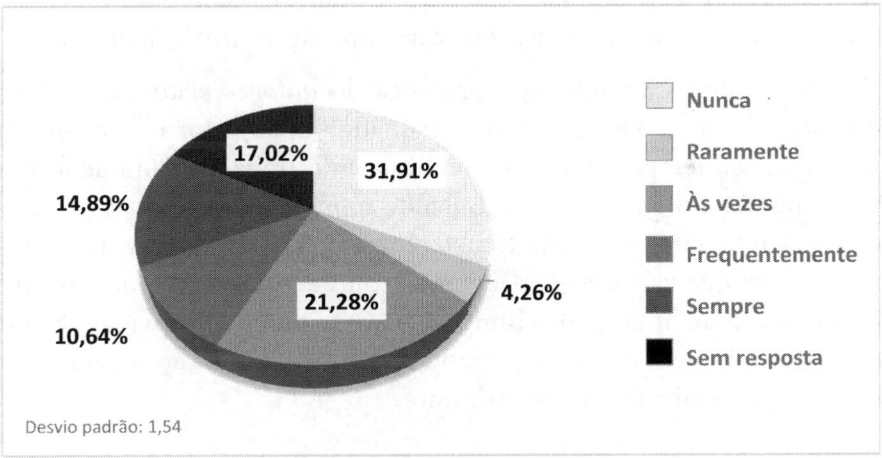

O **Gráfico 18** denota a percepção dos trabalhadores divulgadores, respondentes desta amostra de pesquisa, quanto à liberdade para organizar o próprio trabalho. Confira-se:

Gráfico 18 – Tenho liberdade para organizar meu trabalho como divulgador da forma que quero

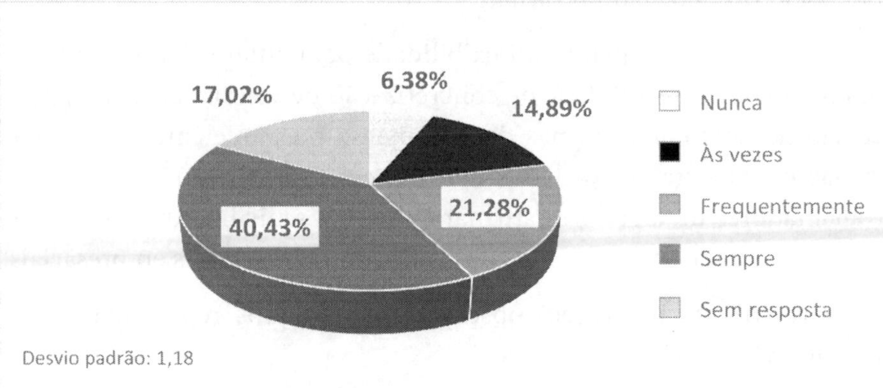

Observe-se que, embora a maioria dos pesquisados perceba falta de flexibilidade para conceder descontos, formas de pagamento ou parcelamento diferenciadas e frete grátis, mais de 60% dos respondentes afirmaram que possuem liberdade quanto à organização da prestação de serviços da forma desejada, inclusive no tocante ao tempo de trabalhos, sem que haja, aparentemente, qualquer tipo de controle de jornada.

Tal característica reforça a presença do *autogerenciamento subordinado*, ou seja, concede-se ao trabalhador divulgador o encargo de gestão de seu tempo e forma de realização do trabalho, tudo de forma subordinada à organização do trabalho empresarial e às suas prescrições e, ainda, com potencial transferência dos riscos da atividade. Rememore-se que esta pesquisa demonstrou que quase 50% da amostra declarou trabalhar além dos limites constitucionais de jornada – e, por consequência, sem a observância do direito à desconexão – para auferir renda superior ao salário-mínimo.

3.3.3. Protocolo de Riscos Psicossociais Relacionados ao Trabalho – PROART

Como visto nesta pesquisa, o PROART destina-se à análise dos riscos psicossociais relacionados ao trabalho dos respondentes. Para tanto, foram investigados os indicadores da organização do trabalho, modelos de gestão, sofrimento e danos físicos, psicológicos e sociais que se encontram na origem do adoecimento no/pelo trabalho, que foram adaptados para atender os objetivos propostos.

Para a análise dos riscos psicossociais relacionados ao trabalho, o PROART utiliza-se da Escala de Frequência do Tipo *Likert* composta por cinco pontos (1 = "Nunca"; 2 = "Raramente"; 3 = "Às vezes"; 4 = "Frequentemente"; e 5 = "Sempre") e divide-se em quatro escalas: Escala de Organização Prescrita do Trabalho (EOPT); Escala de Estilos de Gestão (EEG); Escala de Sofrimento Patogênico no Trabalho (ESPT); Escala de Danos relacionados ao Trabalho (EADRT).

O instrumento de coleta de dados foi analisado por meio de técnicas estatísticas descritivas e inferenciais utilizando o *software IBM SPSS Statistics 22.0.0* como base de apoio.

Ressalte-se que os dados obtidos foram analisados de forma conjunta, de modo a preservar o anonimato dos divulgadores digitais respondentes desta pesquisa e garantir a manutenção do critério de confidencialidade.

3.3.3.1. Escala de Organização Prescrita do Trabalho (EOPT)

A Escala de Organização Prescrita do Trabalho (EOPT) refere-se à forma como o trabalho é organizado. Ela foi elaborada com o objetivo de apreender a percepção dos sujeitos trabalhadores quanto à organização do trabalho, a saber, quanto às tarefas que precisam realizar; as condições materiais oferecidas para executá-las; à flexibilidade de prazos, ritmos e normas; à variabilidade das tarefas; e à autonomia e liberdade para realizá-lo[27].

27. FACAS, Emílio Peres. Protocolo de Avaliação dos Riscos Psicossociais no Trabalho – Contribuições da Psicodinâmica do Trabalho. Tese apresentada ao Programa de Pós-Graduação em Psicologia Social, do Trabalho e das Organizações, do Instituto de Psicologia da Universidade de Brasília, 2013, p. 121.

Essa escala está subdivida em "Divisão das Tarefas" e "Divisão Social do Trabalho", nas quais o sujeito trabalhador avalia, respectivamente, o seu contexto de trabalho – ritmo, prazos e condições oferecidas para a realização do trabalho – e a forma de gestão do trabalho utilizada pela organização empresarial – normas, comunicação, avaliação do trabalho, autonomia e participação relativa ao trabalho.

Os parâmetros para dimensionamento de riscos psicossociais decorrentes da EOPT encontram-se descritos na **Tabela 2** a seguir.

Tabela 2 – Fatores da EOPT, avaliação e parâmetros de dimensionamento de riscos psicossociais

Escala	Fator	Avaliação	Riscos Psicossociais		
			Baixo (baixos riscos psicossociais a demandar menor intervenção)	**Médio** (situação limite para a incidências dos riscos psicossociais no trabalho a demandar intervenção a curto e médio prazo)	**Alto** (altos riscos psicossociais a demandar intervenção imediata)
OPT	**Divisão de Tarefas**	Ritmo, prazos e condições oferecidas para a realização do trabalho	3,70 a 5,00	2,30 a 3,69	1,00 a 2,29
	Divisão Social do Trabalho	Normas, comunicação, avaliação do trabalho, autonomia e participação relativos ao trabalho	3,70 a 5,00	2,30 a 3,69	1,00 a 2,29

Elaborada com base em Facas, 2013, p. 122.

Observe-se que, segundo consta da **Tabela 2**, os parâmetros a serem avaliados sinalizam o grau de riscos psicossociais vinculado a cada fator inerente à escala – baixo, médio ou alto. A depender do dimensionamento dos riscos, avaliar-se-á a demanda de intervenção nas causas: nenhuma; a curto ou médio prazo; ou imediata.

A **Tabela 3** a seguir reflete os dados apurados entre os trabalhadores divulgadores respondentes desta pesquisa.

Tabela 3 – Escala de Organização Prescrita do Trabalho (EOPT): risco psicossocial do trabalho por fator

Escala	Fator	Média	Desvio Padrão	Risco
OPT	Divisão de Tarefas	3,85	1,02	Baixo
	Divisão Social do Trabalho	3,86	0,89	Baixo

Elaborada pelas autoras.

Note-se que tanto o fator "Divisão de Tarefas" quanto o fator "Divisão Social do Trabalho" apresentaram riscos baixos. Observe-se, todavia, que as médias apuradas – 3,85 e 3,86, respectivamente – estão próximas do patamar superior do parâmetro adotado para a classificação de riscos médios (2,30 a 3,69), o que a denota maior potencialidade de risco psicossocial médio, especialmente se considerado que cerca de 60% dos respondentes declararam atuar como divulgador por até 2 anos.

Para melhor ilustrar a hipótese acima, a **Tabela 4** a seguir apresenta a distribuição das frequências dos fatores da Escala de Organização Prescrita do Trabalho. Veja que, entre os respondentes, 32% apontaram risco médio para o fator "Divisão de Tarefas" e 23% para o fator "Divisão Social do Trabalho".

Tabela 4 – Distribuição de frequência dos fatores da Escala de Organização Prescrita do Trabalho (EOPT)

Risco	Divisão de Tarefas		Divisão Social do Trabalho	
	Frequência	Percentual	Frequência	Percentual
Baixo	28	66%	31	72%
Médio	14	32%	10	23%
Alto	2	5%	2	5%
Respostas válidas	38	100%	37	100%

Elaborada pelas autoras.

Tais dados sinalizam para a necessidade de acompanhamento e futuros estudos sobre os riscos psicossociais relacionados à organização do trabalho, especialmente no que tange à divisão de tarefas. Outra hipótese a ser considerada é o fato de que a remuneração a ser auferida (comissões) está relacionada exclusivamente à produção alcançada, independentemente do tempo de trabalho investido para a concretização das vendas e o atendimento de potenciais clientes. Essa situação tende a potencializar e ampliar o tempo de investimento no trabalho para além dos limites constitucionais, o que pode ocasionar danos à saúde psicofísica do trabalhador divulgador.

Rememore-se que 45% da amostra declarou trabalhar nos sábados, domingos e feriados e, considerando toda a amostra, constatou-se que cerca de 60% prestam serviços sem a garantia da limitação da jornada de trabalho estabelecida na Constituição Federal de 1988.

Para melhor ilustrar os dados apurados, consultar os **Gráficos 19 e 20** a seguir.

Gráfico 19 – Frequência por risco para os fatores da Divisão de Tarefas

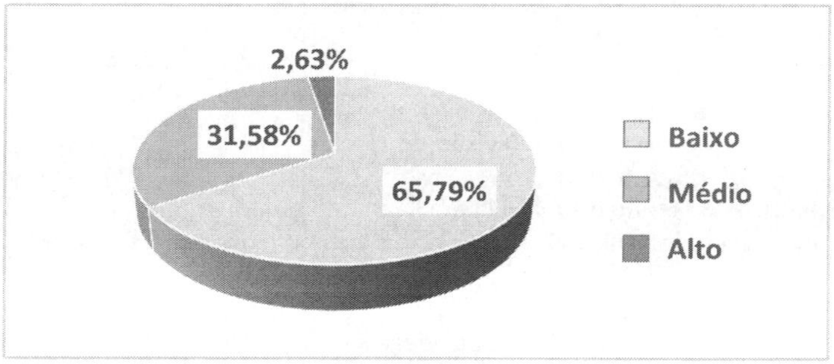

Gráfico 20 – Frequência por risco para os fatores da Divisão Social do Trabalho

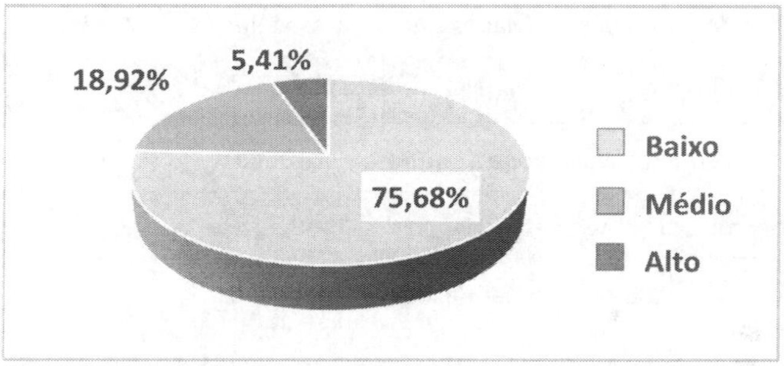

A organização do trabalho reflete de forma imediata no estilo de gestão e, em cadeia, nos demais parâmetros estudados. Nesse sentido, embora o risco psicossocial tenha sido classificado como baixo, importante analisar cada um dos itens que compõem essa escala com o objetivo de elucidar as principais características apontadas pelos respondentes. Observe-se os dados tabulados na **Tabela 5** a seguir.

Tabela 5 – Itens da Escala de Organização Prescrita do Trabalho

	Média	Desvio padrão
Divisão de Tarefas		
O espaço físico que tenho disponível para a realização do trabalho virtual é adequado	3,78	1,35
Os meus equipamentos (celular e notebook, por exemplo) são adequados para a realização das atividades	3,90	1,34
O ritmo de trabalho é adequado	3,93	1,19
Possuo condições adequadas para alcançar os resultados esperados do meu trabalho	3,79	1,15
Divisão Social do Trabalho		
Há clareza na definição das atividades que devo executar	4,17	1,05
Participo das decisões sobre o trabalho que realizo	3,49	1,49
A comunicação entre o divulgador e a empresa é adequada	3,85	1,23
Tenho autonomia para realizar as tarefas como julgo melhor	3,83	1,22
As informações de que preciso para executar minhas tarefas são claras	4,30	1,07
A avaliação do meu trabalho inclui aspectos para além da minha produtividade	3,68	1,29
Há flexibilidade nas normas para a execução das minhas tarefas como divulgador	3,51	1,25
As orientações que me são passadas para realizar as atividades são coerentes entre si	3,93	1,12
As atividades que executo em meu trabalho são variadas	4,05	1,19
Tenho liberdade para opinar sobre o meu trabalho	3,88	1,23

Elaborada pelas autoras.

As linhas destacadas na tabela acima com a cor cinza escuro referem-se aos itens nos quais a média apurada possui valor inferior à média global de cada fator da Escala da Organização Prescrita do Trabalho. Tais destaques representam os itens apontados pelos respondentes como preponderantes de forma negativa.

No tocante à Divisão de Tarefas, os respondentes indicaram a predominância negativa em relação ao espaço físico que possuem para realizar o seu trabalho e às condições adequadas de trabalho para alcançar os resultados esperados. A inadequação de espaço e das condições de realização do trabalho tendem a repercutir, de forma direta, na saúde física obreira, desencadeando ou agravando problemas osteomusculares[28].

Já em relação à Divisão Social do Trabalho, preponderaram, em seu aspecto negativo, os itens que tratam da participação na tomada de decisões relativas ao trabalho realizado, da autonomia na execução da atividade de divulgação e vendas, dos critérios utilizados para a avaliação do trabalho e da flexibilidade das normas empresariais relativas à execução das atividades propostas.

Por fim, quanto ao desvio padrão, os valores encontrados, maiores que 1, indicam uma maior dispersão da distribuição das respostas em relação à média amostral.

3.3.3.2. Escala de Estilos de Gestão (EEG)

A Escala de Estilos de Gestão (EEG) busca apreender a percepção dos sujeitos trabalhadores quanto "às formas de sentir, pensar e agir compartilhadas na organização, as entendendo como parte constituinte do estilo de gestão adotado"[29]. Assim, essa escala baseia-se em faixas que representam a presença *baixa*, *moderada* ou *predominante* de

---

28. ROCHA, Sandra Regina Ayres; MENDES, Ana Magnólia; MORRONE, Carla Faria. Sofrimento, distúrbios osteomoleculares e depressão no contexto de trabalho: uma abordagem psicodinâmica. Estud. pesqui. psicol., Rio de Janeiro, v. 12, n. 2, p. 379-394, ago. 2012, p. 387.

29. FACAS, Emílio Peres. Protocolo de Avaliação dos Riscos Psicossociais no Trabalho – Contribuições da Psicodinâmica do Trabalho. Tese apresentada ao Programa de Pós-Graduação em Psicologia Social, do Trabalho e das Organizações, do Instituto de Psicologia da Universidade de Brasília, 2013, p. 125.

determinado estilo de gestão, não se referindo propriamente aos riscos psicossociais.

O Estilo de Gestão é preditor dos riscos de sofrimento patogênico e dos riscos de danos psicossociais. Isso porque, segundo a Psicodinâmica do Trabalho, os padrões de comportamento dos sujeitos que integram a organização delineiam a forma que se estabelecem as relações sociais, as (in)flexibilidades que os sujeitos trabalhadores possuem na realização do trabalho e, ainda, as relações simbólicas constituídas entre o sujeito trabalhador e a organização empresarial[30]. Desse modo, a identificação do estilo de gestão, aliada à análise das demais escalas do PROART, pode auxiliar na elucidação da natureza dos fatores de riscos psicossociais relacionados ao trabalho.

O instrumento de coleta de dados desta pesquisa contou com a avaliação específica de três estilos de gestão, a saber: "Normativo", "Coletivista" e "Realizador".

No estilo de gestão normativo predominam as seguintes características: controle de normas e regras; sistema disciplinar rígido; valorização do planejamento; laços afetivos entre os sujeitos trabalhadores e a organização frágeis.

A gestão coletivista é caracterizada, predominantemente, pelas seguintes características: preza coesão e união; oferece segurança, vantagens, assistência, o que gera comportamento de lealdade, dependência e corporação; estimula sacrifícios pessoais em prol dos interesses organizacionais; valorização da criatividade e inovação; favorece interação profissional e promoção de um maior bem-estar dos trabalhadores.

Já no estilo de gestão realizador as características que se destacam são, entre outras: concentração na produtividade, competitividade e realização profissional; priorização da busca por promoção e elevação de níveis hierárquicos; valorização do reconhecimento pelo prestígio; favorecimento da interação profissional e promoção de um maior bem-estar dos trabalhadores.

As características e os parâmetros de identificação de cada estilo de gestão estão descritos na **Tabela 6** a seguir.

30. *Id.*

Tabela 6 – Fatores da EEG, avaliação e parâmetros de presença do estilo de gestão

Escala	Fator	Avaliação	Presença		
			Baixa	Moderada	Predominante
EG	Estilo Normativo	Características: controle de normas e regras; sistema disciplinar rígido; valorização do planejamento; laços afetivos entre sujeitos trabalhadores e organização frágeis	1,00 a 2,49	2,50 a 3,49	3,50 a 5,00
	Estilo Coletivista	Características: preza idealização, coesão e união; oferece segurança, vantagens, assistência, o que gera comportamento de lealdade, dependência e corporação; estimula sacrifícios pessoais em prol dos interesses organizacionais; valorização da criatividade e inovação; favorece interação profissional e promoção de um maior bem-estar dos trabalhadores	1,00 a 2,49	2,50 a 3,49	3,50 a 5,00
	Estilo Realizador	Características: centrado na produtividade, competitividade e realização profissional; prioriza busca por promoção e elevação de níveis hierárquicos; valoriza o reconhecimento pelo prestígio; favorece interação profissional e promoção de um maior bem-estar dos sujeitos trabalhadores	1,00 a 2,49	2,50 a 3,49	3,50 a 5,00

Elaborada com base em Facas, 2013, p. 125-128.

Observe-se que, segundo consta da **Tabela 6**, os parâmetros a serem avaliados sinalizam grau de presença de cada um dos estilos de gestão – baixa, moderada ou predominante. Cada um dos estilos apresenta características peculiares.

A **Tabela 7** a seguir reflete os dados apurados entre os respondentes desta pesquisa.

Tabela 7 – Escala de Estilos de Gestão (EEG): risco psicossocial do trabalho por presença

Escala	Fator	Média	Desvio Padrão	Presença
EEG	Estilo Normativo	3,75	0,87	Predominante
	Estilo Coletivista	3,64	1,05	Predominante
	Estilo Realizador	3,72	1,17	Predominante

Elaborada pelas autoras.

A amostra integrante desta pesquisa apontou a presença predominante dos três estilos de gestão estudados com médias muito próximas. Observe-se que, segundo retratado na **Tabela 8** abaixo, 67,47% dos respondentes apontaram a predominância do estilo de normativo; 61,11% do estilo de gestão coletivista; e 80% do estilo de gestão realizador. Cabe ressaltar, todavia, que o número de respondentes (frequência) dos itens relativos à caracterização do estilo realizador foi de apenas 25 respostas válidas e, entre elas, não houve indicação de baixa presença do referido estilo; e dos relativos à caracterização dos estilos normativo e coletivista, 34 e 36 respostas válidas, respectivamente.

No tocante ao desvio padrão, os valores encontrados, maiores que 1, indicam uma maior dispersão da distribuição das respostas em relação à média amostral.

Tabela 8 – Distribuição de frequência dos fatores da Escala de Estilos de Gestão (EEG)

Presença	Estilo Normativo		Estilo Coletivista		Estilo Realizador	
	Frequência	Percentual	Frequência	Percentual	Frequência	Percentual
Baixa	2	5,88%	4	11,11%	0	0%
Moderada	9	26,47%	10	27,78%	5	20%
Predominante	23	67,65%	22	61,11%	20	80%
Respostas válidas	34	100%	36	100%	25	100%

Elaborada pelas autoras.

Os **Gráficos 21, 22 e 23** ilustram a intensidade da presença de cada estilo de gestão no trabalho realizado pelos divulgadores digitais.

Gráfico 21 – Frequência dos fatores da Escala de Estilo de Gestão Normativa (EEGN)

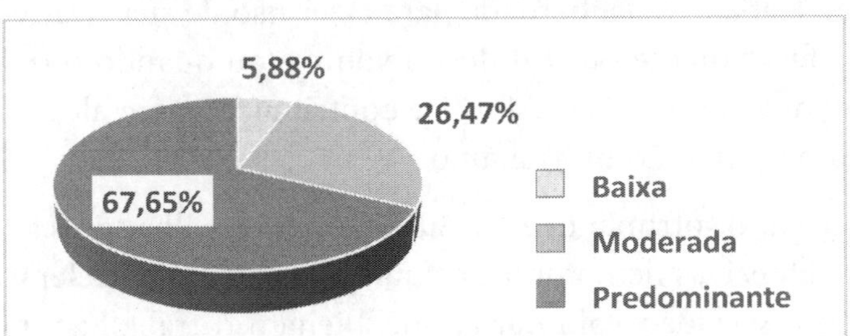

Gráfico 22 – Frequência dos fatores da Escala de Estilo de Gestão Coletivista (EEGC)

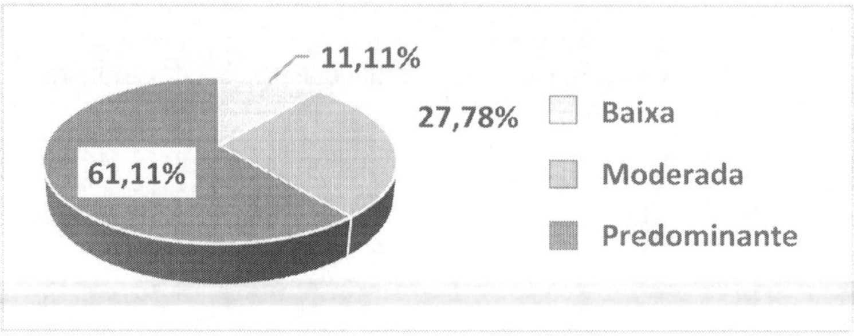

Gráfico 23 – Frequência dos fatores da Escala de Estilo de Gestão Realizador (EEGR)

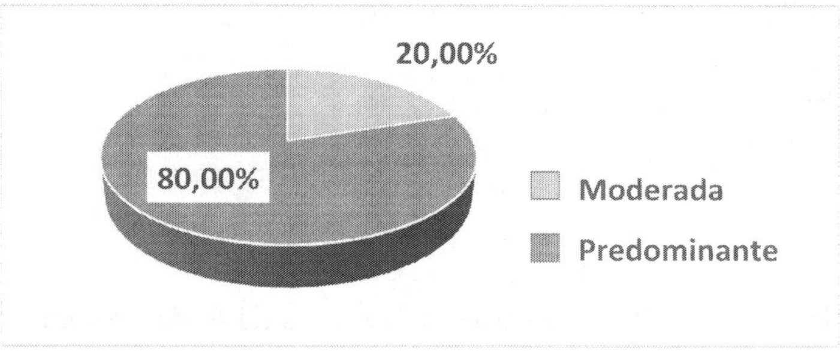

3.3.3.3. Escala de Sofrimento Patogênico no Trabalho (ESPT)

Conforme visto, o sofrimento torna-se patogênico quando não se confere ao trabalhador liberdade para fazer uso de sua criatividade, do seu saber-fazer diante do real do trabalho, e/ou quando o trabalhador não é reconhecido por seu esforço e contribuição para alcançar os objetivos da organização do trabalho.

Para negar o sofrimento e não adoecer, os trabalhadores adotam estratégias defensivas de natureza psíquica, tais como a aceleração, a sobrecarga e a servidão voluntária, que alienam o trabalhador da realidade em favor da adaptação às exigências do trabalho. Todavia, o uso exagerado de estratégias defensivas pode resultar no esgotamento do trabalhador e evoluir para comportamentos patológicos.

Por outro lado, o sofrimento inerente ao trabalho – todo e qualquer trabalho – tem outro destino, qual seja, a potência criativa, quando a organização do trabalho oferece condições favoráveis para a mobilização da subjetividade. A mobilização subjetiva ocorre quando ao trabalhador é permitido fazer uso de sua inteligência prática no real do trabalho e ter acesso a espaços de discussão e de deliberação para influir na organização do trabalho. Ocorre ainda quando esse trabalhador é reconhecido, ou seja, quando a sua existência enquanto sujeito no trabalho e sua ação sobre o real do trabalho são reconhecidas por meio da dinâmica contribuição – retribuição.

Rememore-se que as dimensões da organização do trabalho e do estilo de gestão são preditoras das vivências de prazer/sofrimento no trabalho e da possibilidade de destino para o sofrimento.

A Escala de Sofrimento Patogênico no Trabalho (ESPT) objetiva apreender a percepção dos sujeitos trabalhadores quanto "às formas de sentir, pensar e agir compartilhadas na organização, as entendendo como parte constituinte do estilo de gestão adotado"[31]. É composta por três fatores, "Inutilidade", "Indignidade" e "Desqualificação".

O fator "inutilidade" refere-se ao sentimento de valorização, ao sentido do trabalho para si mesmo e para a organização, clientes e/ou sociedade. O fator "Indignidade" relaciona-se com o sentimento de injustiça, insatisfação e desgaste com o trabalho realizado e, assim, torna-se preditor de esgotamento mental. Já o fator "Desqualificação", denota a percepção do trabalhador quanto à falta de reconhecimento, ao sentimento de qualificação, aceitação, admiração fruto de seu trabalho, bem como quanto à liberdade para expressar seus sentimentos em relação ao trabalho.

Esses fatores, bem como a avaliação de percepção e parâmetros para dimensionamento de riscos psicossociais, estão especificados na **Tabela 9** a seguir.

31. FACAS, Emílio Peres. Protocolo de Avaliação dos Riscos Psicossociais no Trabalho – Contribuições da Psicodinâmica do Trabalho. Tese apresentada ao Programa de Pós-Graduação em Psicologia Social, do Trabalho e das Organizações, do Instituto de Psicologia da Universidade de Brasília, 2013, p. 128.

Tabela 9 – Fatores da ESPT, avaliação e parâmetros de dimensionamento de riscos psicossociais

Escala	Fator	Avaliação	Riscos Psicossociais		
			Baixo **(baixos riscos psicossociais a demandar menor intervenção)**	**Médio** **(situação limite para a incidências dos riscos psicossociais no trabalho a demandar intervenção a curto e médio prazo)**	**Alto** **(altos riscos psicossociais a demandar intervenção imediata)**
SPT	**Inutilidade** (falta de sentido do trabalho)	Sentimentos de desvalorização relacionado à ausência de sentido do trabalho para o sujeito e à diminuta significância para a organização, os clientes e/ou a sociedade	1,00 a 2,29	2,30 a 3,69	3,70 a 5,00
SPT	**Indignidade** (esgotamento mental)	Sentimento de injustiça, desanimo, insatisfação e esgotamento com o trabalho	1,00 a 2,29	2,30 a 3,69	3,70 a 5,00
	Desqualificação (falta de reconhecimento)	Sentimentos de desqualificação em razão da falta de reconhecimento pelos pares e superiores e ausência de liberdade para expressar sentimentos relacionados ao trabalho	1,00 a 2,29	2,30 a 3,69	3,70 a 5,00

Elaborada com base em Facas, 2013, p. 128-129.

A **Tabela 10** a seguir reflete os dados apurados entre os respondentes desta pesquisa.

Tabela 10 – Escala de Sofrimento Patogênico no Trabalho (ESPT): risco psicossocial do trabalho por fator

Escala	Fator	Média	Desvio Padrão	Risco
ESPT	Inutilidade (falta de sentido do trabalho)	1,77	0,96	Baixo
	Indignidade (esgotamento mental)	2,05	1,06	Baixo
	Desqualificação (falta de reconhecimento)	1,78	0,91	Baixo

Elaborada pelas autoras.

A pesquisa indicou, no tocante à escala de riscos psicossociais relacionadas ao sofrimento patogênico no trabalho, a presença de riscos baixos. A análise mais acurada desse resultado pode ser efetivada a partir da distribuição da frequência dos fatores da escala. Observe-se a **Tabela 11** a seguir.

Tabela 11 – Distribuição de frequência dos fatores da Escala de Sofrimento Patogênico no Trabalho (ESPT)

Risco	Inutilidade		Indignidade		Desqualificação	
	Frequência	Percentual	Frequência	Percentual	Frequência	Percentual
Baixo	26	74,29%	27	65,85%	26	70,27%
Médio	7	20%	10	24,39%	10	27,03%
Alto	2	5,71%	4	9,76%	1	2,70%
Respostas válidas	35	100%	41	100%	37	100%

Elaborada pelas autoras.

Como visto, os fatores "Inutilidade" e "Desqualificação" contaram com menor adesão de respondentes. Entre os 47 respondentes desta pesquisa, os referidos itens contaram com a participação de 35 e 37 pessoas, respectivamente. No tocante ao fator "Indignidade", o número de respondentes cresceu para 41.

Os **Gráficos 24, 25 e 26** a seguir ilustram a frequência de cada um dos fatores analisados.

Gráfico 24 – Frequência dos fatores da Escala de Sofrimento Patogênico no Trabalho (ESPT) – Inutilidade

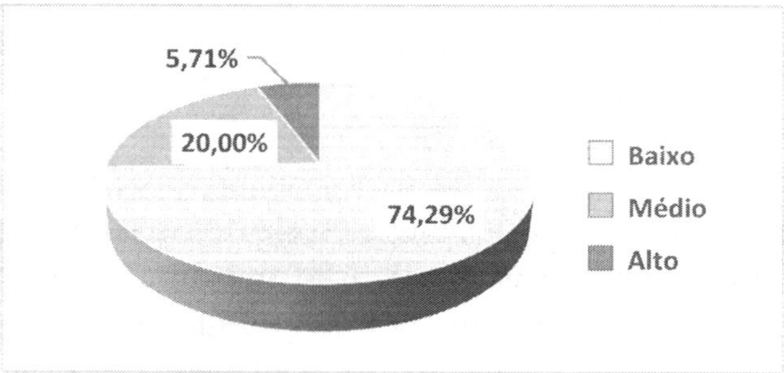

Gráfico 25 – Frequência dos fatores da Escala de Sofrimento Patogênico no Trabalho (ESPT) – Indignidade

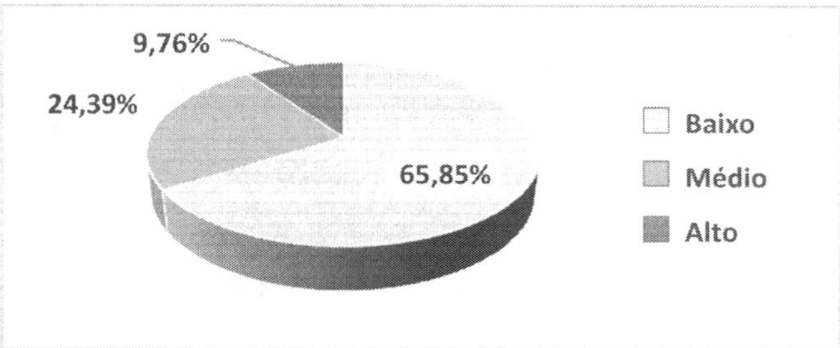

Gráfico 26 – Frequência dos fatores da Escala de Sofrimento Patogênico no Trabalho (ESPT) – Insatisfação

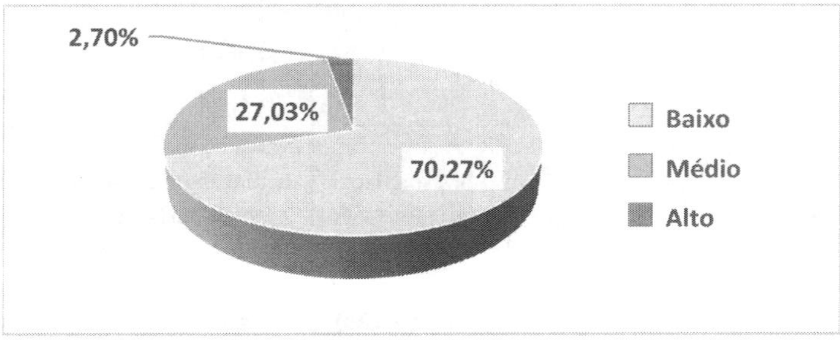

Em síntese, os dados apurados demonstraram a existência de baixo risco psicossocial do trabalho dos divulgadores quanto ao sofrimento patogênico, considerado o marco temporal de aplicação da pesquisa. Convém ressaltar, todavia, que a maioria dos pesquisados declarou atuar como divulgador por até dois anos. Nesse passo, por óbvio, não é possível aferir a incidência de risco psicossocial a médio e longo prazo. A obtenção de tal dado requereria pesquisas futuras.

3.3.3.4. Escala de Avaliação dos Danos Relacionados ao Trabalho (EADRT)

A Escala de Avaliação dos Danos Relacionados ao Trabalho (EADRT) busca apreender as "disfunções físicas, psicológicas e sociais provocadas pelo confronto com determinada organização do trabalho e seus decorrentes estilo de gestão e vivências de sofrimento"[32]. É composta por três fatores, "Danos Psicológicos", "Danos Sociais" e "Danos Físicos", especificados na **Tabela 12** a seguir.

---

32. FACAS, Emílio Peres. Protocolo de Avaliação dos Riscos Psicossociais no Trabalho – Contribuições da Psicodinâmica do Trabalho. Tese apresentada ao Programa de Pós-Graduação em Psicologia Social, do Trabalho e das Organizações, do Instituto de Psicologia da Universidade de Brasília, 2013, p. 128.

Tabela 12 – Fatores da EADRT, avaliação e parâmetros de dimensionamento de riscos psicossociais

Escala	Fator	Avaliação	Riscos Psicossociais		
			Baixo (baixos riscos psicossociais a demandar menor intervenção)	**Médio** (situação limite para a incidências dos riscos psicossociais no trabalho a demandar intervenção a curto e médio prazo)	**Alto** (altos riscos psicossociais a demandar intervenção imediata)
EADRT	Danos Psicológicos	Sentimentos negativos, entre eles tristeza, raiva, medo, hostilidade, desespero, frustração, ódio, falha e ciúme, em relação a si mesmo e a vida em geral	1,00 a 2,29	2,30 a 3,69	3,70 a 5,00
	Danos Sociais	Isolamento, dificuldade na vida de relações, como por exemplo relações familiares e sociais	1,00 a 2,29	2,30 a 3,69	3,70 a 5,00
	Danos Físicos	Dores no corpo e distúrbios biológicos	1,00 a 2,29	2,30 a 3,69	3,70 a 5,00

Elaborada com base em Facas, 2013, p. 130-132.

A **Tabela 13** a seguir reflete os dados apurados entre os divulgadores respondentes desta pesquisa.

Tabela 13 – EADRT: risco psicossocial do trabalho por fator

Escala	Fator	Média	Desvio Padrão	Risco
ESPT	Danos Psicológicos	1,92	1,04	Baixo
	Danos Sociais	1,62	0,93	Baixo
	Danos Físicos	2,23	1,07	Baixo

Elaborada pelas autoras.

De acordo com os dados apurados, os danos, em seu conjunto, representam riscos psicossociais baixos. Para análise mais apurada desta escala, a **Tabela 14** a seguir apresenta a síntese da distribuição da frequência por fator, bem como o percentual correspondente.

Tabela 14 – Distribuição de frequência dos fatores da EADRT

Risco	Danos Psicológicos		Danos Sociais		Danos Físicos	
	Frequência	Percentual	Frequência	Percentual	Frequência	Percentual
Baixo	29	67,44%	30	78,95%	25	59,52%
Médio	13	30,23%	7	18,42%	14	33,33%
Alto	1	2,33%	1	2,63%	3	7,14%
Respostas válidas	43	100%	38	100%	42	100%

Elaborada pelas autoras.

A análise particularizada de cada tipo de dano, levando em consideração a frequência dos fatores, sinalizou que, no tocante aos "Danos Psicológicos", 30,23% da amostra indicou risco médio e 67,44%, risco baixo; quanto aos "Danos Sociais", 18,42% da amostra indicou risco médio e quase 79%, risco baixo, embora esse fator tenha contado com a resposta de apenas 38 respondentes. Já no que tange aos "Danos Físicos", apurou-se que 33,33% da amostra indicou risco médio e quase 60%, risco baixo. A síntese ilustrada dos dados apurados pode ser conferida nos seguintes **Gráficos 27, 28** e **29**.

Gráfico 27 – Frequência dos fatores da EADRT – Danos Psicológicos

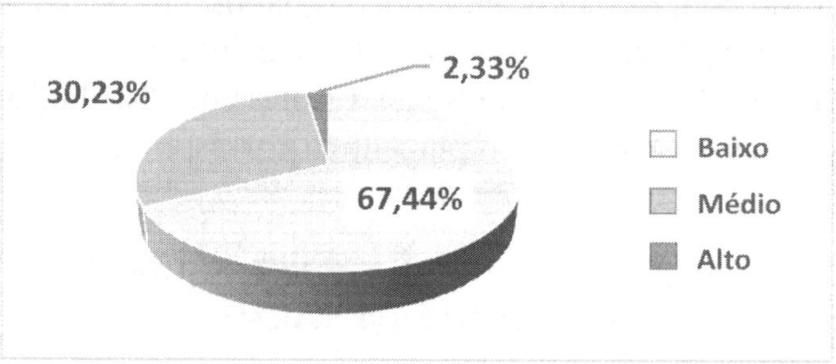

Gráfico 28 – Frequência dos fatores da EADRT – Danos Sociais

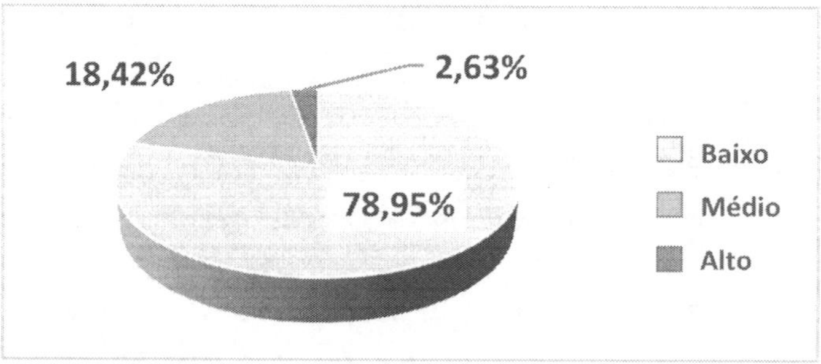

Gráfico 29 – Frequência dos fatores da EADRT – Danos Físicos

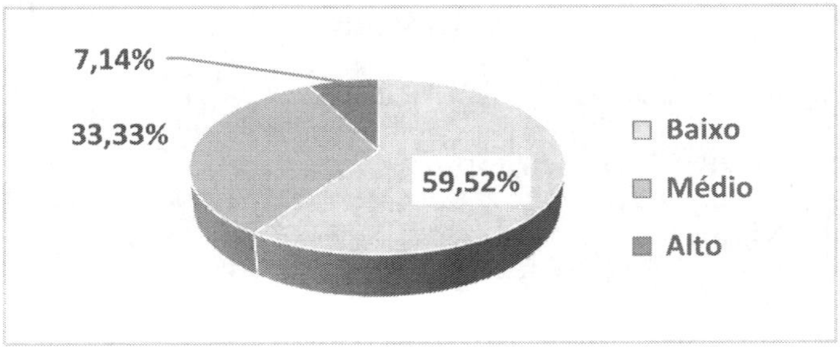

A análise da média, a seguir apresentada na **Tabela 15**, considerando-se a escala de forma global, denota os itens mais característicos para cada um dos fatores apresentados.

Tabela 15 – Itens da Escala de Avaliação dos Danos Relacionados ao Trabalho (EADRT)

	Média	Desvio padrão
Danos psicológicos		
Amargura	1,81	1,20
Sensação de vazio	1,86	1,23
Mau-Humor	1,98	1,08
Vontade de desistir de tudo	2,05	1,33
Tristeza	1,98	1,12
Perda da autoconfiança	2,02	1,22
Solidão	1,72	1,18

	Média	Desvio padrão
Danos Sociais		
Insensibilidade em relação aos colegas divulgadores	1,66	1,05
Dificuldades nas relações fora do trabalho	1,50	0,92
Vontade de ficar sozinho	1,88	1,17
Conflitos nas relações familiares	1,65	1,02
Agressividade com os outros	1,40	0,85
Dificuldades de convivência	1,52	0,97
Impaciência com as pessoas em geral	1,77	1,04
Danos físicos		
Dores no corpo	2,44	1,31
Dores no braço	2,14	1,26
Dor de cabeça	2,37	1,41
Distúrbios digestivos	1,77	1,25
Dores nas costas	2,58	1,45
Alterações no sono	2,16	1,21
Dores nas pernas	2,60	1,50
Distúrbios circulatórios	1,93	1,31
Alterações no apetite	1,93	1,10

Elaborada pelas autoras.

Foram destacados, na cor cinza escuro, os itens da tabela acima, cuja média individual é maior do que a média global encontrada em cada um dos fatores. Tais itens referem-se àqueles identificados pelos respondentes como preponderantes.

Partindo dessa premissa, quanto aos danos psicológicos, prevaleceram, segundo os respondentes, mau-humor, vontade de desistir de tudo, tristeza e perda da autoconfiança.

Em relação aos danos de natureza social, preponderaram "insensibilidade em relação aos colegas", "vontade de ficar sozinho", "conflitos nas relações familiares" e "impaciência com as pessoas em geral".

Entre os danos de natureza física, sobressaíram as dores no corpo, de cabeça, nas costas e nas pernas. Destaque-se, ainda, que os danos físicos apontados, embora representem, segundo o valor médio global, risco baixo, as médias dos itens preponderantes aproximam-se do patamar mínimo estabelecido para o risco médio, o que requer atenção.

Uma das hipóteses é o fato de o trabalho do divulgador digital ser realizado, na maioria dos casos, em inobservâncias às regras constitucionais de limitação da jornada de trabalho e às regras infraconstitucionais que tratam das pausas/intervalos.

No tocante ao desvio padrão, os valores encontrados, maiores que 1, indicam uma maior dispersão da distribuição das respostas em relação à média amostral.

3.4. A REGULAÇÃO DO TRABALHO DE *MARKETING* E VENDAS EM PLATAFORMAS DIGITAIS DE CONSUMO A PARTIR DA ANÁLISE DA JURISPRUDÊNCIA DO PODER JUDICIÁRIO TRABALHISTA DA 2ª REGIÃO E DOS INSTRUMENTOS COLETIVOS DA CATEGORIA DOS COMERCIÁRIOS DO ESTADO DE SÃO PAULO

Com a finalidade de compreender a regulação jurídica do trabalho no *e-commerce*, respeitado o recorte de pesquisa eleito, foi empreendida pesquisa na jurisprudência e em instrumentos coletivos da categoria dos comerciários, especificamente das relações de trabalho de divulgadores em plataformas digitais de consumo.

Apurou-se, na pesquisa de campo empreendida, que mais de 70% dos trabalhadores divulgadores respondentes residem no Estado de São

Paulo (Gráfico 6). Apurou-se, ainda, que 55,32% declarou ser associado ao sindicato da categoria dos comerciários (Gráfico 7).

Partindo dessas premissas e considerando os limites relativos ao tempo e recursos para a realização de uma pesquisa científica a nível nacional, optou-se por desenvolver a investigação com base nos seguintes limites: a) a pesquisa jurisprudencial se restringiu à base de dados do Tribunal Regional do Trabalho da 2ª Região com o objetivo de analisar a jurisprudência que trata do padrão de regulação judicial do trabalho de divulgadores no âmbito do Estado de São Paulo; e b) a pesquisa dos instrumentos coletivos negociados se restringiu à base de dados da Subsecretaria de Relações de Trabalho – SRT, especificamente no Sistema de Negociações Coletivas de Trabalho – MEDIADOR, com abrangência territorial, de igual modo, ao Estado de São Paulo.

3.4.1. A regulação judicial pelo Tribunal Regional do Trabalho da 2ª Região

Como visto, esta pesquisa empírica foi realizada na base de dados do Tribunal Regional do Trabalho da 2ª Região com o objetivo de analisar a jurisprudência que trata do padrão de regulação judicial do trabalho em plataformas digitais de consumo, especialmente do trabalho dos divulgadores, no âmbito do Estado de São Paulo. Adotou-se, para fins de delimitação temporal de pesquisa, o período de 3 de janeiro de 2011 a 31 de janeiro de 2022.

No caminho da pesquisa empírica, efetivou-se consulta jurisprudencial no sítio do Tribunal Regional do Trabalho da 2ª Região utilizando-se, na aba "Jurisprudência" e "Nova Pesquisa Jurisprudencial", diferentes critérios de pesquisa.

Inicialmente, foram utilizados os seguintes critérios: a) no campo "Pesquisa Livre", "Contendo as palavras (e)", foi utilizado o nome completo de empresa com plataforma digital de consumo; b) no campo "Documentos", selecionou-se "Acórdão" e "Sentença"; e c) no campo "Filtros", registrou-se em "Data de Distribuição" o período correspondente ao marco temporal da pesquisa "03/01/2011" e "31/01/2022". A partir desses critérios de pesquisa, não foram encontrados resultados.

Em seguida, foram utilizados novos critérios de pesquisa: a) no campo *Pesquisa Livre, Qualquer das palavras (ou)*, foi utilizado o nome completo de empresa com plataforma digital de consumo; b) no campo *Documentos*, selecionou-se *Acórdão* e *Sentença*; e c) no campo *Filtros*, registrou-se em *Data de Distribuição* o período correspondente ao marco temporal da pesquisa "03/01/2011" e "31/01/2022". Considerado o padrão de pesquisa eleito, foi encontrado um único processo judicial, cujo número será mantido em condição de anonimato.

Todavia, a análise qualitativa da sentença e do acórdão prolatados nos autos do referido processo revelou a ausência de pertinência temática, pois se tratava de pedido do autor de declaração de nulidade da inclusão de seu nome em contrato social e reconhecimento de vínculo de emprego com empresa reclamada do ramo alimentício, ou seja, a empresa pesquisada sequer era parte no processo. Portanto, o único acórdão encontrado na pesquisa jurisprudencial efetivada no sítio do Tribunal Regional do Trabalho da 2ª Região não tratava do tema em estudo e precisou ser desconsiderado para os fins desta pesquisa científica.

Em suma, a pesquisa empírica empreendida no sítio do Tribunal Regional do Trabalho da 2ª Região, referente ao período de 02/01/2011 a 31/01/2022, não retornou decisão prolatada (sentença e/ou acórdão) que tratasse da regulação judicial do trabalho de *marketing* e vendas realizado pelos divulgadores da plataforma digital de consumo da empresa pesquisada.

Tal constatação sinaliza que a Justiça do Trabalho da 2ª Região não é comumente acionada, considerado o resultado de pesquisa aqui posto, para se manifestar sobre temas relacionados à relação de trabalho dos divulgadores digitais. A partir dos critérios utilizados, verificou-se que sequer houve demanda no sentido de avançar no sistema de proteção jurídico-constitucional ao trabalhador divulgador que se ativa em plataformas digitais de consumo.

Embora 59% dos divulgadores respondentes se percebam como empregados ou gerentes/vendedores, a narrativa voltada para o empreendedorismo digital parece convencê-los de que o trabalho por eles realizado junto a plataformas digitais é de natureza autônoma. Possivelmente esta seria uma das razões para não acionarem o Poder Judiciário Trabalhista em busca de direitos trabalhistas.

Observe-se que, no caso em estudo, tanto o trabalho prescrito – a atividade designada por empresa do comércio a ser executada observando sua normativa e protocolos internos – quanto o real do trabalho – a materialização, a partir do saber-fazer, da inteligência do corpo, da atividade prescrita estão relacionadas à atividade típica de vendedor de produtos do varejo, acrescida da atribuição de expansão do *marketing* empresarial.

Conforme visto, no tocante à contraprestação pelo trabalho realizado, o trabalhador divulgador, pessoa física que se ativa em plataformas virtuais de consumo, regra geral recebe comissão exclusivamente sobre a venda realizada e paga pelo cliente, independentemente do tempo de trabalho investido na divulgação de produtos e no atendimento de potenciais clientes.

Tal condição comumente remete o trabalhador divulgador à extrapolação dos limites da jornada de trabalho insertos na Constituição de 1988 para ampliar o valor a ser obtido com as vendas.

Rememore-se que, conforme apurado nesta pesquisa, 45% da amostra declarou trabalhar aos sábados, domingos e feriados e, considerando toda a amostra, constatou-se que cerca de 60% presta serviços sem a garantia da limitação da jornada de trabalho estabelecida na Constituição Federal de 1988 e quase 30% da amostra declarou auferir renda média mensal inferior ao salário-mínimo.

Outro ponto importante a se ponderar é a usual transferência dos riscos e dos custos da atividade econômica para o trabalhador divulgador que se ativa em plataformas digitais de consumo. Despesas que normalmente seriam empresariais, tais como gastos com aquisição e manutenção de equipamentos tecnológicos pertinentes à realização do trabalho, internet e energia elétrica, tendem a ficar a cargo dos trabalhadores que se ativam em plataformas digitais, o que é um equívoco se considerado o pressuposto da alteridade na perspectiva do Direito do Trabalho[33].

---

33. A respeito, consultar: DELGADO, Gabriela Neves; COUTINHO, Raianne Liberal; ASSIS, Carolina Di. Flexibilizações à regra da alteridade trabalhista na era digital: a equivocada transferência de riscos e custos do empreendimento ao obreiro no teletrabalho e na uberização. *Revista LTr*. Legislação do Trabalho, v. 1, p. 81-91, 2021.

Pesquisas realizadas em sites que registram reclamações relacionadas ao ramo do varejo de bens, tais como o *Reclame Aqui*, por exemplo, também revelaram outros desafios registrados por divulgadores. Verificou-se, por exemplo, que, embora o divulgador execute diariamente o trabalho de divulgação de produtos e atendimento de clientes, há casos em que o cliente opta pela efetivação da venda nos sites ou aplicativos empresariais, visto que nesses canais são oferecidas algumas vantagens, como frete grátis e descontos especiais, indisponíveis nas lojas virtuais em que se ativam os divulgadores. Ou seja, o divulgador investe tempo de trabalho para realizar uma venda, que, ao final, se concretiza diretamente com a empresa para a qual trabalha, deixando de ganhar a respectiva comissão. Esse tempo de trabalho de divulgação e convencimento do potencial cliente não é remunerado.

3.4.2. A regulação por meio de instrumentos coletivos da categoria dos comerciários do Estado de São Paulo

Com a finalidade de perquirir a existência de regulação por meio de negociação coletiva do trabalho de vendas desenvolvido em plataformas digitais de consumo, tendo em vista que mais de 50% da amostra desta pesquisa declarou ser associado ao sindicato da categoria dos comerciários, efetuou-se pesquisa na base de dados da Subsecretaria de Relações de Trabalho – SRT, especificamente no Sistema de Negociações Coletivas de Trabalho – MEDIADOR.

O marco temporal da pesquisa empírica empreendida em instrumentos coletivos da categoria circunscreveu-se, inicialmente, ao mesmo período da pesquisa de jurisprudência anteriormente descrita: 3 de janeiro de 2011 a 31 de janeiro de 2022.

No caminho da pesquisa empírica, selecionou-se na aba *Consultar, Instrumentos Coletivos Registrados*. No campo *Participante*, selecionou-se *Razão Social*, inserindo, no respectivo campo, o nome completo de empresa com plataforma digital de consumo. A seguir, no campo *Tipo de Instrumento Coletivo*, selecionou-se *Todos os Tipos*; no campo *Vigência, Todos*; no campo *Abrangência, SP;* no campo *Abrangência Ter-*

ritorial, SP, selecionaram-se todos os Municípios disponíveis no Estado de São Paulo; e, por fim, no campo *Cláusulas*, foi acrescentado o nome completo de empresa com plataforma digital de consumo. Essa pesquisa apontou para a inexistência de instrumentos coletivos registrados, considerado o padrão de pesquisa eleito ("Nenhum registro encontrado").

Por fim, optou-se pela realização de pesquisa com critérios mais abrangentes, ou seja, não houve inclusão de critério de pesquisa no campo *Cláusulas*. Assim, a nova busca operou-se com os seguintes critérios de pesquisa: no campo *Participante*, selecionou-se *Razão Social*, inserindo, no respectivo campo, o nome completo de empresa com plataforma digital de consumo; no campo *Tipo de Instrumento Coletivo*, selecionou-se *Todos os Tipos*; no campo *Vigência*, *Todos*; no campo *Abrangência, SP;* e, por fim, no campo *Abrangência Territorial, SP*, selecionaram-se todos os Municípios disponíveis no Estado de São Paulo.

A segunda pesquisa empreendida com os parâmetros acima relatados resultou em 399 instrumentos coletivos, entre os quais 35 se referiam a anos anteriores ao ano de 2011, adotado como início do marco temporal nesta pesquisa. Ou seja, no total, foram encontrados 364 instrumentos coletivos registrados no período de 3 de janeiro de 2011 a 31 de janeiro de 2022. Entre os 364 instrumentos coletivos encontrados, apenas dois estavam vigentes e os demais estavam com vigência expirada.

Diante dos limites temporais inerentes à pesquisa científica empreendida, optou-se pela análise qualitativa dos instrumentos coletivos cuja vigência estivesse compreendida, ainda que de modo parcial, entre os anos de 2020 e 2022. Esse recorte temporal pode ser justificado pelo fato de esta pesquisa ter apurado que cerca de 60% dos respondentes declararam possuir tempo de atuação como divulgador de até 2 anos.

A partir desse recorte, apurou-se a existência de nove instrumentos coletivos que atenderam ao critério temporal delimitado, entre os quais dois estavam vigentes e os demais com vigência expirada.

A análise qualitativa dos nove instrumentos coletivos identificados denotou que as cláusulas tratam, predominantemente, de *jornada de trabalho* – duração, distribuição, controle, faltas e horário –, de regras para a negociação coletiva, tais como, solução de conflitos, aplicação, descumprimento do instrumento coletivo e sua renovação/rescisão, entre outras.

Todos os nove instrumentos coletivos analisados continham cláusulas atinentes à relação de emprego. Vale dizer que os instrumentos coletivos negociados no período em estudo não tratam da regulação do trabalho de marketing e vendas realizado pelo trabalhador divulgador que se ativa em plataformas digitais de consumo.

Em suma, a pesquisa empreendida no sítio do Ministério do Trabalho e Emprego, especificamente nos instrumentos coletivos da categoria dos comerciários situada no Estado de São Paulo, revelou a ausência de dispositivo negociado que trate da regulação do trabalho de *marketing* e venda de produtos realizado pelo trabalhador divulgador que se ativa em plataformas digitais de consumo para a comercialização de produtos de varejo – embora, repita-se, esta pesquisa tenha apurado que mais de 55% dos respondentes sejam associados ao sindicato da categoria.

Esses dados sinalizam que o grande desafio em pauta é garantir aos trabalhadores divulgadores que se ativam em plataformas digitais de consumo a concretização do *direito fundamental do trabalhador à tutela sindical.*

A efetivação do direito fundamental do trabalhador à tutela sindical nas relações de trabalho plataformizadas requer, todavia, que os entes sindicais se apropriem de sua missão constitucional disposta no art. 8º, inciso VI, da Constituição de 1988, que trata da obrigatoriedade da participação – *ampla e diversificada*, diga-se de passagem –, dos sindicatos em negociações coletivas de trabalho.

Compreende-se que o direito à negociação coletiva (art. 7º, inciso XXVI, da Constituição de 1988) vincula-se ao direito fundamental ao trabalho digno. Defende-se, ainda, que a negociação coletiva não se limita às relações de emprego, na medida em que esse é o meio histórico e constitucionalmente estabelecido para conquista e efetivação dos direitos fundamentais trabalhistas que integram o direito fundamental ao trabalho para todo e qualquer trabalhador.

Por certo que a legislação impõe limites à liberdade sindical, especialmente quanto à questão da unicidade e a organização sindical a partir do conceito de categoria (art. 511 da CLT). Todavia, defende-se que a evolução tecnológica e as novas configurações na forma de administração do trabalho humano na era digital instigam, provocam e estimulam a necessidade da ressignificação de conceitos clássicos justrabalhistas. Tais conceitos foram, regra geral, elaborados a partir de um contexto no qual predominavam modelos de organização do trabalho e da produção tayloristas/fordistas caracterizados, essencialmente, pelo trabalho assalariado associado a uma classe trabalhadora homogênea.

Na atualidade, todavia, a realidade social da classe trabalhadora se distancia paulatinamente desse contexto, especialmente se considerada a heterogeneidade dos sujeitos trabalhadores e de seus interesses. Tudo isso requer uma atuação sindical voltada para a compreensão dessas mudanças e para a ação no sentido de ampliar seu espectro de atuação.[34]

Enfim, um dos desafios postos à prova é o de retirar os trabalhadores divulgadores que se ativam em plataformas digitais de consumo de uma espécie de limbo jurídico no que tange à tutela de direitos fundamentais sociotrabalhistas.

Outro desafio a ser ultrapassado é o de se garantir a efetividade do direito fundamental à tutela sindical para todo e qualquer trabalhador da era digital. Enfim, é preciso disputar caminhos jurídicos-institucionais, nos campos do direito individual e coletivo do trabalho, em busca da efetivação do direito fundamental ao trabalho digno para todo e qualquer trabalhador[35].

---

34. DIAS, Valéria de Oliveira. O discurso neoliberal e a desconstrução da identidade constitucional do sujeito trabalhador: o papel invocante dos sindicatos e do Poder Judiciário Trabalhista. *No prelo.*

35. *Id.*

4

PARÂMETROS CONSTITUCIONAIS PARA A PROTEÇÃO DO TRABALHO À LUZ DO DIREITO FUNDAMENTAL AO TRABALHO DIGNO: ALGUMAS REFLEXÕES NA PERSPECTIVA DAS RELAÇÕES DE TRABALHO DOS DIVULGADORES NAS PLATAFORMAS DIGITAIS DE CONSUMO

A Constituição Federal de 1988 faz ampla referência à dignidade da pessoa humana, sobretudo no art. 1º, III, em que é afirmado esse princípio como fundamento da República, e no art. 170, *caput*, que preconiza que a "ordem econômica, fundada na valorização do trabalho humano e na livre iniciativa, tem por fim assegurar a todos a existência digna"[1].

O trabalho é constitutivo da condição de dignidade que o ser humano pode alcançar em vida se prestado em respeito aos direitos fundamentais trabalhistas. Ou seja, é o trabalho protegido que oferece um feixe de condições concretas para a materialização da dignidade da pessoa humana. Por isso, diante das transformações que se consolidam sob

1. BRASIL. Constituição (1988). *Constituição da República Federativa do Brasil.* Brasília, DF: Senado Federal, 1988. Disponível em: https://tinyurl.com/3744z739. Acesso em: 02 fev. 2022.

o panorama do mundo digital, é preciso pensar em estratégias que possam dar guarida àqueles que vivem do seu trabalho.

Partindo do estudo do trabalho realizado em plataformas digitais de consumo, esta pesquisa busca reafirmar a necessidade de proteção constitucional ao trabalho em condições de dignidade, independentemente do *status* jurídico da relação de trabalho em que o trabalhador se ative.

Gabriela Neves Delgado e Ana Carolina Paranhos de Campos Ribeiro sustentam que o trabalho tanto contribui para a afirmação da identidade individual do sujeito quanto para a construção de sua emancipação coletiva, sendo, assim, um dos instrumentos ligados à promoção da dignidade humana[2]. A dignidade é hoje considerada por grande gama de pesquisadores como superprincípio[3], não sendo, portanto, possível conceber que a dignidade do sujeito trabalhador esteja revestida de proteção se o trabalho por ele desempenhado não estiver envolto por todas as garantias e direitos constitucionais que lhe cabem. Essas garantias estão descritas no art. 7º da Constituição Federal e se aplicam a *todos os trabalhadores* (art. 7º, *caput*). Não é plausível prever exceções que a própria matriz constitucional não prevê.

Esta pesquisa buscou demonstrar as similitudes que o trabalho de vendas executado em plataformas digitais de consumo, especificamente pelos divulgadores, guarda com a relação de emprego e a importância do reconhecimento jurídico desse vínculo, caso presentes os elementos fático-jurídicos da relação de emprego. Contudo, frise-se, ainda que não haja esse reconhecimento, se for o caso, o trabalhador divulgador plataformizado tem direito ao rol de direitos fundamentais trabalhistas garantido na Constituição, cujo pressuposto de proteção ao trabalho em condições de dignidade é amplo, estando direcionado a todo e qualquer trabalhador. Ademais, não podem ser ignorados outros dis-

---

2. DELGADO, Gabriela Neves; RIBEIRO, Ana Carolina Paranhos de Campos. Os direitos sociotrabalhistas como dimensão dos direitos humanos. *Rev. TST*, Brasília, v. 79, n. 2, p. 199-219, abr./jun. 2013. Disponível em: https://juslaboris.tst.jus.br/handle/20.500.12178/39825. Acesso em: 02 fev. 2022. p. 199, p. 216.

3. SOARES, Flaviana Rampazzo. Interlocuções entre direitos humanos e direito do trabalho e a necessária proteção à dignidade da pessoa do trabalhador. *In*: ALVARENGA, Rúbia Zanotelli de (org.). *Direitos humanos dos trabalhadores*. São Paulo: LTr, 2016. p. 30.

positivos constitucionais que também protegem direitos atinentes ao sujeito trabalhador, como o direito à saúde, previsto no art. 6º, e o direito ao meio ambiente de trabalho ecologicamente equilibrado, depreendido da leitura conjunta entre o art. 200, VIII, e o art. 225, CF/1988.

No bojo da discussão a respeito do tema, verifica-se, face aos resultados da pesquisa de campo, que os trabalhadores divulgadores digitais enfrentam dificuldades inerentes à tutela do direito fundamental ao trabalho digno, inclusive em sua dimensão socioambiental. Essa abordagem será aprofundada na próxima seção.

4.1. DIMENSÃO SOCIOAMBIENTAL DO DIREITO FUNDAMENTAL AO TRABALHO DIGNO

A *dimensão socioambiental do direito fundamental ao trabalho digno* é definida por Valéria de Oliveira Dias como aquela que abrange, concomitantemente, três esferas: a proteção do trabalhador, do valor social do trabalho e do meio ambiente de trabalho[4]. Desse modo, está expressa nesse conceito a necessidade de tutela a todos os direitos fundamentais que circundam a dignidade do sujeito trabalhador, entre eles o direito à saúde psicofísica, à desconexão laboral, ao descanso, ao lazer, à limitação de jornada e à vida privada, além do direito a um meio ambiente de trabalho ecologicamente equilibrado.

Infelizmente, a utilização de tecnologias digitais, ainda que facilite a execução de muitas tarefas, não raramente contribui para a precarização do trabalho, quando expõe o trabalhador à hiperconexão laboral, impedindo-o de usufruir de seu tempo livre como melhor lhe convier. O tempo de descanso, lazer e convívio social pode se transformar em tempo de trabalho, quando as plataformas digitais exigem do trabalhador ampla disponibilidade em prol do cumprimento de metas. O trabalhador se vê, então, capturado por esse discurso, uma vez

---

4. DIAS, Valéria de Oliveira. *A dimensão socioambiental do direito fundamental ao trabalho digno*: uma análise a partir do assédio organizacional nos bancos do Distrito Federal. São Paulo: LTr, 2020. p. 182.

que sua remuneração normalmente está atrelada aos resultados que é pressionado a alcançar.

Considerando os resultados da pesquisa de campo descritos no capítulo 3 e seus entrelaçamentos com os desafios de preservação do direito fundamental ao trabalho digno dos trabalhadores que se ativam em plataformas digitais de consumo, especialmente os divulgadores, as próximas seções serão dedicadas à discussão de alguns direitos ligados à dimensão socioambiental do trabalho digno, quais sejam: a limitação de jornada, a desconexão laboral e a saúde psicofísica.

4.1.1. Direito fundamental à limitação de jornada

O direito à limitação de jornada configura-se como direito de todos os trabalhadores, independentemente do tipo de vínculo de trabalho que detenham, nos moldes da tutela constitucional exarada no art. 7º, inciso XIII ("duração do trabalho normal não superior a oito horas diárias e quarenta e quatro semanais, facultada a compensação de horários e a redução da jornada, mediante acordo ou convenção coletiva de trabalho")[5]. Trata-se de direito fundamental constitucionalmente assegurado e que em muito ultrapassa o mero controle da jornada de trabalho. O controle normalmente é feito pelo empregador, mas não cabe em todos os ofícios, haja vista a natureza de certos trabalhos não o permitirem (art. 62, I e III, CLT) ou ainda em caso de determinação legal (art. 62, II, CLT)[6].

Maria Cecilia de Almeida Monteiro Lemos ressalta que a limitação da jornada de trabalho se refere a uma conquista histórica dos trabalhadores por condições de trabalho e condições de vida dignas[7]. Con-

5. BRASIL. Constituição (1988). *Constituição da República Federativa do Brasil.* Brasília, DF: Senado Federal, 1988. Disponível em: https://tinyurl.com/3744z739. Acesso em: 02 fev. 2022.
6. BRASIL. *Decreto-lei nº 5.452, de 1º de maio de 1943*. Consolidação das Leis do Trabalho. 1943. Disponível em: http://www.planalto.gov.br/ccivil_03/decreto-lei/del5452.htm. Acesso em: 14 fev. 2022.
7. LEMOS, Maria Cecilia de Almeida Monteiro. *O dano existencial nas relações de trabalho intermitentes*: reflexões na perspectiva do direito fundamental ao trabalho digno. São Paulo: LTr, 2020. p. 164-172.

soante Vantuil Abdala, à época do nascedouro da discussão, diversos profissionais se viram envolvidos no debate sobre jornadas extensas. Médicos alertavam para o perigo de envelhecimento precoce; sociólogos, para a dificuldade de se manter uma vida familiar; e os educadores, para o risco de prejuízo à instrução escolar[8]. Logo, as regras de limitação de jornada, hoje presentes no Texto Constitucional, representaram uma vitória de toda a sociedade.

Em 2021, a OMS e a OIT publicaram estudo no qual estimam que as longas jornadas de trabalho culminaram em 745 mil mortes por acidente vascular cerebral e doença isquêmica do coração no ano de 2016, considerados todos os países investigados no mundo. Registraram, ainda, que, em um período de 15 anos, o número de mortes por doenças cardíacas associadas às longas jornadas aumentou 42%. Já as mortes por acidente vascular cerebral aumentaram 19% no mesmo período. A pesquisa concluiu que as longas jornadas de trabalho estão associadas à um terço do total de doenças relacionadas ao trabalho[9].

As agências das Nações Unidas apontaram[10], ainda, que, considerando-se a expansão do teletrabalho no contexto pandêmico, a situação pode se agravar na medida em que, muitas vezes, os limites entre tempo de trabalho e tempo de descanso se sobrepõem quando se realiza o teletrabalho[11].

A respeito das dificuldades encontradas em se estabelecer limites entre tempo de trabalho e tempo de descanso no teletrabalho, é relevante citar a recente publicação da Medida Provisória nº 1.108, de 25

---

8. ABDALA, Vantuil. Para cada Constituição, um juízo de inconstitucionalidade. *In*: VIANA, Márcio Túlio; ROCHA, Cláudio Jannotti da (coord.). *Como aplicar a CLT à luz da Constituição*: alternativas para os que militam no foro trabalhista. São Paulo: LTr, 2016. p. 331.

9. Conferir sítio eletrônico oficial da Organização Mundial da Saúde (OMS). Disponível em: https://who-ilo-joint-estimates.shinyapps.io/OccupationalBurdenOfDisease/. Acesso em: 30 mar. 2022.

10. Conferir sítio eletrônico oficial das Nações Unidas no Brasil. Disponível em: https://brasil.un.org/pt-br/127011-estudo-da-oms-e-oit-aponta-longas-jornadas-de-trabalho-como-causa-de-mortes. Acesso em: 30 mar. 2022.

11. Cf. BRASIL. *Medida Provisória nº 1.108, de 25 de março de 2022*. Disponível em: https://www.in.gov.br/en/web/dou/-/medida-provisoria-n-1.108-de-25-de-marco-de-2022-388651514. Acesso em: 30 mar. 2022.

de março de 2022. Essa MP altera dispositivos da CLT que tratam do teletrabalho, passando a dispor que o empregado em regime de teletrabalho poderá prestar serviços *por jornada ou por produção ou tarefa* (art. 75-B, § 2º); que na prestação de serviços em regime de teletrabalho por produção ou tarefa, não se aplicará o disposto no Capítulo II do Título II da CLT (art. 75-B, § 3º), que é a seção que trata da duração do tempo de trabalho; e ainda que o tempo de uso de equipamentos tecnológicos, de infraestrutura necessária e de softwares, fora da jornada de trabalho normal do empregado não constitui em regra tempo à disposição, regime de prontidão ou de sobreaviso (art. 75-B, § 5º).

Verifica-se, pela leitura dos dispositivos, grave equívoco, pois ainda que o teletrabalhador seja contratado por produção ou tarefa, ele tem direito à limitação de jornada de trabalho, pois se trata de *direito constitucional* garantido a todo e qualquer trabalhador, conforme prescreve o art. 7º, XIII, da CF/1988. Além disso, o mero uso de tecnologias não descaracteriza o tempo à disposição do empregador, caso o trabalhador esteja nesse período em contato com a empresa e cumprindo ordens determinadas pelo estabelecimento.

A limitação de jornada de trabalho constitui garantia imprescindível ao trabalhador, inclusive por estar ligada à preservação de outros direitos, como o descanso, o lazer, a convivência social e familiar e, como não poderia deixar de ser, o direito à saúde, visto que jornadas extenuantes podem causar graves prejuízos à saúde psicofísica do trabalhador. Infelizmente, a sociedade atual convive com uma quantidade tão volumosa de dispositivos digitais, que as pessoas facilmente se envolvem com inúmeras atribuições e prazos a cumprir, numa dinâmica frequente de diluição entre o tempo de trabalho e o tempo de descanso.

Partindo-se da realidade específica do trabalho do divulgador digital, é possível fazer algumas observações. Primeiramente, verifica-se que empresas do *e-commerce* usualmente conferem ao trabalhador divulgador uma "liberdade" ilusória: não há, aparentemente, monitoramento da jornada de trabalho, o que pode gerar no divulgador uma sensação de que ele pode trabalhar por quantas horas achar necessário. Porém, o fato é que a remuneração fica invariavelmente atrelada ao volume de vendas efetivadas. Logo, o trabalhador não tem liberdade para interromper sua jornada em favor do direito ao descanso e ao intervalo ou quando uma situação familiar o exigir, pois quanto menor a quantidade de vendas, menor é a comissão recebida.

Nesse sentido, na pesquisa de campo realizada verificou-se, como visto, que quase 45% dos respondentes declarou trabalhar aos sábados, domingos e feriados, confirmando que há uma invasão à limitação de jornada e ao tempo de descanso e lazer do divulgador, na contramão do que preconiza o Texto Constitucional. Além disso, mais da metade dos integrantes da amostra (26 respondentes, ou seja, 55,32%) declarou ter jornada de trabalho acima do limite constitucional.

Outro resultado pertinente entrecruza os dados de jornada de trabalho e remuneração: 6,38% da amostra afirmou trabalhar para além do limite constitucional de jornada e sem o repouso semanal remunerado, em prol de uma renda média mensal de até um salário mínimo. Por outro lado, para conseguir atingir uma renda superior ao salário mínimo, 48,93% dos respondentes alegou precisar trabalhar além do limite constitucional de jornada.

Enfim, muitos trabalhadores convivem com a hiperconexão laboral. O fato de poder ser acionado a qualquer momento e em qualquer lugar para atividades que demandem atendimento imediato é capaz de provocar grande ansiedade. No caso dos trabalhadores divulgadores que se ativam em plataformas digitais de consumo, eles também são afetados pela frenética dinâmica de conexão digital, uma vez que a remuneração está ligada aos resultados obtidos no trabalho de marketing e vendas. Isso justifica a importância do direito à desconexão laboral, investigado a seguir.

4.1.2. Direito fundamental à desconexão do trabalho

A gestão do tempo do trabalhador, mormente no cerne da era digital, é uma temática bastante preocupante, pois as novas tecnologias, não obstante facilitem a execução de tarefas, podem atingir a vida privada, o descanso e o lazer do trabalhador. Se ao trabalhador deve-se assegurar o direito fundamental ao trabalho digno, também a ele é devido o direito de se desconectar das respectivas atribuições, em prol da preservação da saúde, que é uma face da condição de dignidade humana.

No cruzamento já descrito entre a invasão do tempo livre pelo tempo de trabalho, ganha destaque a discussão referente ao *direito à desconexão laboral*, cujo berço de consagração normativa remete ao Direito francês. Eduardo E. Taléns Visconti e Estrella Del Valle Calzada esclarecem que esse direito foi introduzido na França pela Lei nº 2016-1088, de 08 de agosto de 2016, que modificou o Código de Trabalho do país. Essa mudança garantiu proteção quanto ao uso de dispositivos digitais, a fim de que não houvesse prejuízo ao descanso, às férias e à vida pessoal e familiar do trabalhador.[12]

No Brasil, o respaldo constitucional ao direito à desconexão ainda está sob debate. Porém, esta pesquisa acompanha o entendimento de que existem normas constitucionais que albergam direitos corolários da desconexão. Entre elas, pode-se citar: a *limitação de jornada a oito horas diárias e quarenta e quatro semanais* (art. 7º, XIII), com consequente *pagamento de adicional por sobrejornada* (art. 7º, XVI); o *repouso semanal remunerado* (art. 7º, XV); o *gozo de férias anuais remuneradas* (art. 7º, XVII); a *inviolabilidade da intimidade e da vida privada (art. 5º, X) e o direito ao lazer (art. 6º),* todas da Constituição Federal de 1988.

No caso pesquisado, verificou-se que há prejuízo ao direito à desconexão laboral do trabalhador divulgador que se ativa em plataformas digitais de consumo. É que a remuneração atrelada às vendas pressiona o trabalhador a permanecer extensos períodos conectado à plataforma digital de consumo, a fim de divulgar o catálogo da empresa e vender suas mercadorias, para auferir maiores porcentagens sobre o valor das vendas celebradas.

---

12. TALÉNS VISCONTI, Eduardo E.; DEL VALLE CALZADA, Estrella. Tiempo de trabajo y desconexión digital en el centenario de la OIT: perspectivas sobre la evolución de su regulación y situación actual en España. *In*: ROCHA, Cláudio Jannotti da; PORTO, Lorena Vasconcellos; ALVARENGA, Rúbia Zanotelli de; PIRES, Rosemary de Oliveira (org.). *A Organização Internacional do Trabalho*: sua história, missão e desafios. São Paulo: Tirant lo Blanch, 2020. v. 1. *E-book*. (Coleção Internacional do Trabalho). p. 362-363.

Interessante que a pesquisa de campo demonstrou que 72,34% dos respondentes eram mulheres, um dado preocupante se for considerado que as mulheres já desempenham múltiplas tarefas face ao acúmulo de responsabilidades relativas ao trabalho dentro e fora de casa. Além disso, mais da metade da amostra (57,45%) declarou ser casada ou manter união estável, o que abre duas relevantes hipóteses: a primeira diz respeito ao fato de que o trabalho como divulgador ter sido a saída encontrada para a própria sobrevivência da família, tanto que 68,09% da amostra (32 respondentes) declarou não acumular a atuação como divulgador com outro trabalho ou emprego; a segunda hipótese retoma o direito à desconexão, visto que a dificuldade de trabalhar dentro dos limites constitucionais de jornada (pela própria necessidade de garantir renda) pode causar graves interferências na vida familiar do trabalhador ou da trabalhadora. Os impactos dessa conjuntura para a saúde do divulgador são muito significativos e serão explorados a seguir.

4.1.3. Direito fundamental à saúde psicofísica

O direito à saúde é parte do rol de direitos sociais expressos no art. 6º da Constituição Federal de 1988. De acordo com Ingo Wolfgang Sarlet, esse direito fundamental se desdobra em duas dimensões, a *defensiva*, à qual incumbe o dever de se abster de prejudicar a integridade psicofísica das pessoas, e a *prestacional*, que abrange as medidas concretas em prol da proteção dessa integridade. A ambas as dimensões é necessário conferir máxima efetividade, seja na relação entre Estado e sujeitos ou na relação entre particulares.[13]

Na esfera do trabalho, essas premissas tornam-se evidentes, pois a responsabilidade pela promoção e preservação da saúde do trabalhador compete tanto ao Poder Público, que edita normas e fiscaliza sua execução, como ao empregador, que as deve cumprir. Para ilustrar essa obrigação compartilhada, tem-se, por exemplo: a garantia do salário

13. SARLET, Ingo Wolfgang. Algumas considerações em torno do conteúdo, eficácia e efetividade do direito à saúde na Constituição de 1988. *Revista Eletrônica sobre a Reforma do Estado (RERE)*, Salvador, n. 11, p. 1-17, set./out./nov. 2007. Disponível em: https://tinyurl.com/yyqwv2pj. Acesso em: 15 fev. 2022. p. 10-12.

mínimo, que seja capaz de atender às necessidades vitais básicas, entre elas a saúde; a redução dos riscos inerentes ao trabalho, por meio de normas de saúde, higiene e segurança, e a garantia de seguro contra acidentes de trabalho, a cargo do empregador (art. 7º, incisos IV, XXII e XXVIII da Constituição de 1988, respectivamente).

Norma Sueli Padilha e Josilene Hernandes Ortolan Di Pietro argumentam que os progressos tecnológicos e a globalização provocaram grandes transformações nos ambientes de trabalho, onde, embora tenha havido a eliminação de alguns riscos mais tradicionais, surgiram outros. Assim, as atuais tendências de redução das contratações acarretaram a intensificação das cargas de trabalho, repercutindo não apenas na saúde física, mas também na saúde mental do trabalhador e aumentando os níveis de estresse.[14]

Quando se discute especificamente as relações de trabalho digitais, o direito à saúde do sujeito trabalhador e os direitos a ele correlatos (direito ao salário mínimo, direito de redução dos riscos inerentes ao trabalho, direito ao descanso, ao lazer, ao convívio social, à limitação de jornada de trabalho, entre outros) são atravessados por novos desafios relativos à tutela justrabalhista. Isso porque há uma precariedade que com frequência marca essas relações de trabalho, considerando a nova arquitetura que extrapola as clássicas condições de trabalho.

A tudo isso, acrescente-se a hiperconexão imposta aos trabalhadores digitais e que pode neles provocar sérios prejuízos à saúde psicofísica, face ao cumprimento de jornadas extenuantes, à ausência de intervalos adequados e à falta de fiscalização do ambiente de trabalho.

Na pesquisa de campo, foram citados pelos respondentes alguns fatores que ilustram bem esses prejuízos à saúde psicofísica: quanto aos danos psicológicos, sobressaíram o mau-humor, a vontade de desistir de tudo, a tristeza e a perda da autoconfiança. No que tange aos danos de natureza social, mostraram-se preponderantes a "insensibilida-

---

14. PADILHA, Norma Sueli; DI PIETRO, Josilene Hernandes Ortolan. A contribuição da OIT na construção da tutela internacional do direito ao meio ambiente do trabalho equilibrado. *Rev. Fac. Direito UFMG*, Belo Horizonte, n. 70, p. 529-559, jan./jun. 2017. Disponível em: https://tinyurl.com/y4t75uja. Acesso em: 15 fev. 2022. p. 551-554.

de em relação aos colegas divulgadores", a "vontade de ficar sozinho", os "conflitos nas relações familiares" e a "impaciência com as pessoas em geral". Já nos danos de natureza física, prevaleceram as dores no corpo, as dores de cabeça, nas costas e nas pernas.

Por isso, reitera-se que uma das hipóteses é justamente o fato de o trabalho do divulgador digital ser frequentemente executado em desrespeito às normas constitucionais de limitação da jornada de trabalho e às normas infraconstitucionais que tratam dos intervalos para descanso. Ademais, chama a atenção que, além da sobrejornada, o trabalhador também tenha que lidar com as baixas rendas auferidas, o que dificulta a consolidação de uma estabilidade financeira, circunstância que pode o levar, inclusive, a buscar novas fontes de renda e mais trabalho: nove pessoas declararam receber menos de R$ 500,00 mensais e cinco, entre R$ 500,01 e R$ 1.100,00. Ainda, 14 pessoas (quase 30% da amostra de respondentes) declararam possuir renda média mensal inferior ao salário-mínimo.

4.2. DIREITO FUNDAMENTAL DA PESSOA TRABALHADORA À TUTELA SINDICAL

A tutela sindical é temática que vem provocando discussões recentes, face ao espaço que as relações de trabalho digitais conquistam dia após dia. Muitos trabalhadores digitais carecem de efetiva representação coletiva, justamente por estarem ligados a ofícios para os quais ainda não foi criada uma organização sindical específica, como no caso dos trabalhadores plataformizados.

A liberdade de associação profissional ou sindical é direito garantido pela Constituição Federal de 1988, conforme redação do art. 8º, *caput*. Os incisos desse dispositivo estabelecem que: a base territorial da organização sindical não pode ser inferior à área de um município, sendo vedada a criação de mais de uma organização sindical representativa de categoria profissional ou econômica (inciso II); ao sindicato cabe defender os direitos e os interesses coletivos ou individuais da categoria (inciso III); a filiação a sindicato não constitui obrigação (inciso V); e a participação dos sindicatos nas negociações coletivas de trabalho é obrigatória (inciso VI).

Conforme leciona Mauricio Godinho Delgado, a salvaguarda à liberdade associativa e sindical e o reconhecimento da importância de acordos coletivos e convenções coletivas de trabalho (direito exarado no art. 7º, XXVI) foram grandes avanços proporcionados pela Constituição de 1988[15]. Entretanto, quando se trata de trabalhadores que se ativam por meio de plataformas digitais, há um espaço de indefinições e incertezas no plano do Direito Coletivo do Trabalho. É que esses trabalhadores, inclusive os divulgadores digitais, estão equivocadamente às margens das tutelas jurídicas proporcionadas pela via coletiva.

Os dados apurados nesta pesquisa conduzem à ilação de que há situações em que os trabalhadores que se ativam em plataformas digitais de consumo, especialmente como divulgadores, deveriam ter vínculo de emprego reconhecido, uma vez que o trabalho por eles exercido conjuga todos os elementos fático-jurídicos da relação de emprego e se identifica com a atividade empresarial preponderante do ramo do comércio. Por essa razão, inclusive, é que, no plano do Direito Coletivo do Trabalho, tais trabalhadores deveriam ser enquadrados na profissão de comerciário.

Verificou-se, ainda, que o trabalho realizado pelo divulgador se assemelha às atividades desenvolvidas pelos empregados vendedores que trabalham presencialmente nas empresas do varejo de bens. A diferença é que o divulgador digital trabalha de forma remota, com o uso de tecnologias de informação e comunicação, mas o trabalho de marketing e venda é o mesmo.

Conforme visto, compreende-se que o trabalho do divulgador digital se assemelha ao teletrabalho, numa típica relação de emprego[16]. Para que se configurem os pressupostos da relação de emprego, no qual a

15. DELGADO, Mauricio Godinho. *Curso de Direito do Trabalho:* obra revista e atualizada conforme a lei da reforma trabalhista e inovações normativas e jurisprudenciais posteriores. 18. ed. São Paulo: LTr, 2019. p. 134,148.

16. Sobre o tema, consultar, por exemplo, https://veja.abril.com.br/economia/como-as-empresas-estao-monitorando-os-funcionarios-no-home-office/.

prestação de serviços se realiza por meio de teletrabalho, os meios telemáticos e informatizados de comando, controle e supervisão devem se equiparar, para fins de subordinação jurídica, aos meios pessoais e diretos de comando e supervisão do trabalho alheio (art. 6º, parágrafo único, da CLT). Vale lembrar que, com o avanço tecnológico e a expansão do teletrabalho no contexto pandêmico, foram desenvolvidos e aprimorados *softwares* de monitoramento utilizados por muitas empresas para supervisionar e controlar a jornada de trabalho de seus empregados.

A respeito do teletrabalho, com a recente publicação da Medida Provisória nº 1.108, de 25 de março de 2022, foi incluído o § 7º ao art. 75-B da CLT, passando esse dispositivo a prever que "Aos empregados em regime de teletrabalho aplicam-se as disposições previstas na legislação local e nas convenções e acordos coletivos de trabalho relativas à base territorial do estabelecimento de lotação do empregado".[17]

Fica claro então, no texto legal, posicionamento já adotado por esta pesquisa de que o regime de teletrabalho apenas acrescenta viés tecnológico à prestação do trabalho de forma remota, modificando, assim, o *modus operandi*, mas não a relação de emprego em si. *O teletrabalhador tem direito à tutela sindical como todo e qualquer trabalhador.*

De toda forma, registre-se que, no caso dos divulgadores, regra geral, trata-se de trabalhador (pessoa física) que, ao aderir à proposta do programa de afiliados ou divulgadores, passa a desempenhar, com pessoalidade e subordinação, a atividade laboral de marketing e vendas de produtos tanto do catálogo da empresa a que se vincula quanto do catálogo das lojas parceiras dessa empresa, como se fosse vendedor/gerente da própria loja. Há permanência no trabalho executado e ele é remunerado via comissão, não possuindo liberdade no que tange à logística da efetivação das vendas ou à precificação dos produtos.

O trabalhador divulgador não possui estoque de produtos, dependendo inteiramente do estoque oferecido pela empresa; não maneja os

---

17. BRASIL. *Medida Provisória nº 1.108, de 25 de março de 2022*. Disponível em: https://www.in.gov.br/en/web/dou/-/medida-provisoria-n-1.108-de-25-de-marco-de-2022-388651514. Acesso em: 30 mar. 2022.

meios de pagamento, sendo vedado a ele receber diretamente dos clientes; e diante de dúvidas, é necessário entrar em contato com o suporte da empresa. Face a essas circunstâncias, depreende-se que o conceito de *subordinação algorítmica* anteriormente articulado se amolda perfeitamente à sua realidade de trabalho.

Observe-se que a pesquisa de campo empreendida, inclusive, revelou que 59,57% dos trabalhadores da amostra se percebem como empregados (23,40%) ou ainda como gerentes/vendedores (36,17%). Em contrapartida, apenas 28% dos respondentes alegaram se identificar como trabalhador autônomo, o que pode ser justificado, como visto, pelo fato de se exercer a atividade de venda por meio de plataforma virtual, distante do espaço físico empresarial.

Portanto, o trabalho dos divulgadores e o trabalho dos empregados que atuam presencialmente nas lojas físicas das empresas do ramo do comércio realizando marketing e venda de produtos empresariais são *modalidades de trabalho que muito se assemelham, havendo distinção apenas no modo como o trabalho é exercido, o que seguramente não desvirtua a função de comerciário ocupada pelo divulgador.*

Por isso, a mudança no modo como o trabalho é executado parece não conferir às empresas a possibilidade de retirar do trabalhador a parcela fixa do salário ajustado – piso salarial da categoria (art. 4º da Lei n. 12.790/2013[18]), ainda que proporcional ao tempo trabalhado, se for o caso (OJ 358, I, da SBDI-1/TST[19]) – nem os demais direitos e garantias trabalhistas a que o divulgador teria direito, como, por exemplo, a limitação constitucional da jornada de trabalho e sua pro-

18. Lei n. 12.790/2013, art. 4º O piso salarial será fixado em convenção ou acordo coletivo de trabalho, nos termos do inciso V do art. 7º da Constituição Federal.

19. OJ 358/SBDI-1/TST. SALÁRIO MÍNIMO E PISO SALARIAL PROPORCIONAL À JORNADA REDUZIDA. EMPREGADO. SERVIDOR PÚBLICO (redação alterada na sessão do Tribunal Pleno realizada em 16.02.2016) – Res. 202/2016, DEJT divulgado em 19, 22 e 23.02.2016
I – Havendo contratação para cumprimento de jornada reduzida, inferior à previsão constitucional de oito horas diárias ou quarenta e quatro semanais, é lícito o pagamento do piso salarial ou do salário mínimo proporcional ao tempo trabalhado.

teção pela via da negociação coletiva, nos termos do art. 3º, *caput* e §§1º e 2º, da Lei n. 12.790/2013[20].

De forma didática, é possível verificar um exemplo que bem ilustra que a mudança no modo de exercer o trabalho não desvirtua a ocupação do trabalhador. No cenário de pandemia da Covid-19, várias empresas e órgãos públicos passaram a admitir modalidades de teletrabalho para seus empregados e servidores, tendo havido, assim, mudança no modo de prestação de serviços: do trabalho presencial passou-se ao trabalho digital. Contudo, isso não implicou em uma saída desses trabalhadores das categorias que integravam: os empregados não deixaram os quadros das respectivas empresas quando passaram a exercer suas atividades remotamente nem os servidores públicos deixaram de compor a Administração Pública por estarem em teletrabalho. Não houve perda do *status* jurídico de empregado/servidor público, nem a desconfiguração de qual categoria o trabalhador integra. Logo, de maneira semelhante, a plataformização do trabalho seria apenas um aperfeiçoamento tecnológico no *modus operandi* do trabalho executado, não devendo significar perda de direitos fundamentais para os trabalhadores que lá ativam sua força de trabalho. Tampouco deveria significar a ausência de tutela jurídico-trabalhista pelos entes sindicais.

Como se sabe, a Constituição Federal de 1988 e a CLT adotam o modelo de organização sindical por categorias econômica e profissional e, para fins de enquadramento sindical, deve-se observar a atividade econômica empresarial preponderante (art. 581, § 2º, da CLT[21]),

---

20. Lei n. 12.790/2013, art. 3º A jornada normal de trabalho dos empregados no comércio é de 8 (oito) horas diárias e 44 (quarenta e quatro) semanais.
    § 1º Somente mediante convenção coletiva ou acordo coletivo de trabalho poderá ser alterada a jornada normal de trabalho estabelecida no caput deste artigo.
    § 2º É admitida jornada de 6 (seis) horas para o trabalho realizado em turnos de revezamento, sendo vedada a utilização do mesmo empregado em mais de 1 (um) turno de trabalho, salvo negociação coletiva de trabalho.
21. Art. 581 da CLT (...) § 2º Entende-se por atividade preponderante a que caracterizar a unidade de produto, operação ou objetivo final, para cuja obtenção todas as demais atividades convirjam, exclusivamente em regime de conexão funcional.

exceto no caso de categoria profissional diferenciada e de empregados regidos por lei especial (art. 511, § 3º, da CLT[22]).

Ressalte-se que, no caso dos trabalhadores divulgadores, a atividade de marketing e vendas por eles realizadas se enquadra no rol de atividades típicas dos integrantes da categoria profissional de empregados do setor do comércio. De igual modo, as empresas que se utilizam da prestação de serviços de divulgadores, regra geral, possuem como atividade econômica preponderante a comercialização de bens de consumo.

Ora, a realidade fática denota que a atividade de marketing e vendas típica dos divulgadores guarda intrínsecas semelhanças com a atividade de marketing e vendas desenvolvida pelo empregado do comércio varejista de bens que se ativa, presencialmente, em lojas físicas e/ou virtuais. O diferencial marcante é a prestação de serviços nos moldes do teletrabalho, ou seja, distante, fora da planta empresarial.

O art. 511 da CLT vincula a organização sindical à solidariedade de interesses econômicos dos que empreendem atividades idênticas, similares ou conexas, vinculando-a, ainda, à similitude de condições de vida oriunda de trabalho em comum vinculado a determinada atividade econômica, afirmando, em seu *caput*, que

> É lícita a associação para fins de estudo, defesa e coordenação dos seus interesses econômicos ou profissionais de todos os que, como empregadores, empregados, agentes ou trabalhadores autônomos ou profissionais liberais exerçam, respectivamente, a mesma atividade ou profissão ou atividades ou profissões similares ou conexas.

Já o art. 577 da CLT, que apresenta o quadro de atividades e profissões em vigor, fixando o plano *básico* do enquadramento sindical, não apresenta rol taxativo, de modo que se poderia inferir que, embora os trabalhadores divulgadores não integrem o antigo rol originário

---

22. Art. 511 da CLT (...) § 3º Categoria profissional diferenciada é a que se forma dos empregados que exerçam profissões ou funções diferenciadas por força de estatuto profissional especial ou em consequência de condições de vida singulares.

de categorias profissionais, a atividade realizada se equipara a dos empregados no comércio varejista de bens.

Além disso, não se pode desconsiderar o fato de o conceito de categoria profissional adotado pela CLT ter sido construído a partir dos modelos tayloristas/fordistas de contratação e gestão da força de trabalho obreira. No contexto da plataformização do trabalho e de intenso avanço tecnológico, a realidade dos fatos que se apresenta requer a ressignificação desse conceito – e de outros, como a exemplo do conceito de subordinação –, o que não encontra óbice no plano constitucional brasileiro.

Assim, partindo dessas premissas e pela leitura do art. 8º, inciso VI, da Constituição de 1988, é importante ressaltar que, embora a tutela sindical seja frequentemente relacionada aos trabalhadores que possuem vínculo de emprego reconhecido, apura-se que *as negociações coletivas de trabalho (as quais exigem a participação do sindicato) não são restritas aos trabalhadores empregados*. Nessa linha, afirma Ricardo Lourenço Filho que "o direito à negociação coletiva pode ser conquistado e exercido independentemente do reconhecimento da relação de emprego. E a sua concretização estaria também amparada no texto constitucional"[23].

Dessa forma, na linha defendida por Ricardo Lourenço Filho, considera-se que os trabalhadores plataformizados podem (e devem) ser tutelados pelas entidades sindicais. Se existe a premissa de que o direito fundamental ao trabalho digno deve ser assegurado a todo e qualquer trabalhador, independentemente do tipo de vínculo de trabalho que ele detenha, então a negociação coletiva, na condição de direito fundamental, também deve ser garantida a todos os trabalhadores, em qualquer tipo de relação de trabalho.

23. LOURENÇO FILHO, Ricardo. O individual e o coletivo no trabalho por plataformas digitais: possibilidades de compreensão da Constituição a partir da experiência do "breque dos apps". *REJUR – Revista Jurídica da UFERSA*, Mossoró, v. 4, n.8, p. 72-93, jul./dez. 2020. Disponível em: https://periodicos.ufersa.edu.br/index.php/rejur/article/view/10139. Acesso em: 01 mar. 2022. p. 87.

Por certo que os trabalhadores que se ativam em plataformas digitais de consumo como divulgadores devem ser alcançados por todos os direitos e garantias constitucionais por sua condição de trabalhadores. Por isso, a premissa do *direito fundamental à tutela sindical*, que decorre do direito fundamental de todos os trabalhadores à negociação coletiva, deve ser efetivada.

Na pesquisa em torno dos instrumentos coletivos negociados não foram encontrados acordos coletivos de trabalho que tivessem delineado qualquer tipo de proteção justrabalhista, sobretudo no campo dos direitos fundamentais, aos trabalhadores divulgadores, conforme apresentado. Interessante que a pesquisa de campo demonstrou que 53,32% dos respondentes (26 divulgadores) são filiados ao sindicato dos comerciários, o que, como já dito, sinaliza para o fato de esses trabalhadores serem ou terem sido empregados formais de alguma empresa do setor do comércio.

Tais dados reforçam a integração dos trabalhadores divulgadores no escopo de atuação dos sindicatos da categoria comerciária. A Lei n. 12.790/2013, que dispõe sobre a regulamentação do exercício da profissão de comerciário, representa grande conquista para esta categoria, sobretudo no tocante à afirmação do *direito fundamental dos trabalhadores à tutela sindical*.

Observe-se que referida legislação reafirma a relevância concedida pelo Texto Constitucional às negociações coletivas mediadas pelos sindicatos profissionais, especialmente se consideradas a jornada de trabalho e o piso salarial da categoria, pontos que requerem atenção especial quando se trata de trabalhadores que se ativam em plataformas digitais de consumo. Como visto, os trabalhadores divulgadores são remunerados apenas por meio de comissões e não há qualquer limitação da jornada de trabalho, independentemente do tempo investido para a concretização do trabalho de marketing e vendas.

Por certo que os sindicatos dos comerciários têm dificuldade de mapear e de acessar os trabalhadores plataformizados, como é o caso dos divulgadores, o que impõe obstáculos à tutela de suas demandas coletivas junto ao Poder Judiciário Trabalhista. Essa constatação se alinha à afirmação de Ricardo Lourenço Filho de que, ao se examinar os sindicatos oficialmente constituídos, isto é, aqueles que são reconhecidos pelo Ministério do Trabalho[24], que se submetem à regra da unicidade sindical, que recebem contribuições e que têm a possibilidade de recorrer à Justiça do Trabalho pelo exercício do poder normativo, pode-se depreender o enorme desafio que essas entidades enfrentam para alcançarem os trabalhadores por plataformas digitais.[25]

Isso posto, percebe-se como a situação é delicada e necessita de novas análises. Não há dúvida que o sistema constitucional brasileiro de proteção trabalhista deve ser efetivado no âmbito das relações de trabalho das plataformas digitais de consumo. Para isso, o direito à tutela sindical se mostra como estratégia indispensável à luta pelo direito fundamental ao trabalho digno em favor das demandas de todos e quaisquer trabalhadores.

---

24. Vale comentar que o Ministério do Trabalho já foi referido sob diversas nomenclaturas, tendo chegado a se tornar meramente uma secretaria especial do Ministério da Economia em janeiro de 2019. Porém, a Medida Provisória nº 1.058/2021 recriou o Ministério sob a denominação de Ministério do Trabalho e Previdência. Informações obtidas no sítio eletrônico do Senado Federal. Disponível em: https://tinyurl.com/2p96smny. Acesso em: 03 mar.2022.
25. LOURENÇO FILHO, Ricardo. O individual e o coletivo no trabalho por plataformas digitais: possibilidades de compreensão da Constituição a partir da experiência do "breque dos apps". *REJUR – Revista Jurídica da UFERSA*, Mossoró, v. 4, n. 8, p. 72-93, jul./dez. 2020. Disponível em: https://periodicos.ufersa.edu.br/index.php/rejur/article/view/10139. Acesso em: 01 mar. 2022. p. 85.

CONSIDERAÇÕES FINAIS

Com o advento da era digital, o mundo do trabalho vem sofrendo significativos impactos derivados das transformações tecnológicas, sobretudo no que tange às modalidades de trabalho digitais. Essas modalidades apresentam obstáculos variados, visto que a tecnologia interfere diretamente no tempo, no espaço e na execução das tarefas de trabalho. Dessa forma, o trabalhador é submetido a novos (mas também antigos) desafios no que concerne à preservação do direito fundamental ao trabalho digno.

Nesse sentido, esta pesquisa buscou investigar uma forma de trabalho digital que tem encontrado grande adesão junto aos trabalhadores brasileiros: o trabalho de divulgador em plataformas digitais de consumo.

Embora sob a perspectiva empresarial o trabalho plataformizado seja uma estratégia lucrativa de ampliação de negócios e, para o trabalhador, pareça ser uma oportunidade de auferir renda, além de garantir o distanciamento social no contexto da pandemia da Covid-19, os grandes desafios postos dizem respeito à preservação dos direitos e garantias fundamentais que devem ser assegurados a todo e qualquer trabalhador, na linha do direito fundamental ao trabalho digno. Esses direitos e garantias decorrem da Constituição e não podem ser ignorados.

Assim, face aos entrelaçamentos da pesquisa bibliográfica realizada em torno do trabalho plataformizado e da pesquisa de campo empreendida junto a trabalhadores divulgadores, ligados ao trabalho de marketing e vendas em plataformas virtuais de consumo, é possível depreender algumas considerações finais.

Primeiramente, nota-se que o trabalho plataformizado ocupa espaço importante na vida de famílias brasileiras, estabelecendo-se como veículo único de subsistência, visto que muitos trabalhadores divulgadores que participaram da pesquisa declararam não possuir outra fonte de renda para garantir o sustento próprio e de seus dependentes.

A segunda conclusão versa sobre a dificuldade de se efetivar o direito constitucional à limitação da jornada em trabalhos plataformizados. Conforme visto na pesquisa de campo, alguns respondentes relataram a extrapolação dos limites constitucionais permitidos para a jornada de trabalho para que pudessem auferir maior comissão com a efetivação de maior número de vendas, em clara afronta aos direitos constitucionais de descanso, lazer e desconexão laboral.

A terceira conclusão trata dos desafios de preservação do direito à saúde, em toda a sua abrangência, em trabalhos no *e-commerce*. Não obstante o trabalho dos divulgadores, até o presente momento e considerado o recorte desta pesquisa, tenha apresentado baixo risco de provocar prejuízos à saúde obreira, já existem relatos de danos físicos, sociais e psicológicos entre os divulgadores, como, por exemplo, dores no corpo, conflitos nas relações familiares e vontade de desistir de tudo, respectivamente.

A quarta conclusão diz respeito à necessidade de as negociações coletivas de trabalho alcançarem os trabalhadores plataformizados. Tendo em vista especificamente as pesquisas empreendidas no site do Tribunal Regional do Trabalho da 2ª Região e no sítio do Ministério do Trabalho e Emprego, no Sistema de Negociações Coletivas de Trabalho – MEDIADOR, constata-se a importância de se assegurar o direito constitucional à tutela sindical ao trabalhador divulgador, como meio de luta pela preservação de seus direitos trabalhistas.

Quanto a este último aspecto, é preciso mais uma vez registrar que a atuação sindical nas relações de trabalho plataformizadas encontra cristalino respaldo no Texto Constitucional, que enuncia o *direito fundamental do trabalhador à tutela sindical*. Observe-se que não há, no âmbito constitucional brasileiro, regra que limite a negociação coletiva às relações de emprego (art. 7º, inciso XXVI). Ao contrário, o que se tem estabelecida é a obrigatoriedade da participação dos sindicatos nas negociações coletivas de trabalho (art. 8º, inciso VI). Ou seja, a Constituição Federal de 1988 confere aos sindicatos, pela via da negociação coletiva, a construção de caminhos jurídicos-institucionais para a efetivação da tutela constitucional trabalhista em favor de todo e qualquer trabalhador, inclusive os que se ativam em plataformas digitais de consumo, como é o caso dos divulgadores.

Embora haja desafios a serem ultrapassados para se garantir acesso sindical aos trabalhadores que atuam como divulgadores de empresas do ramo do comércio varejista de bens, é preciso que as entidades sindicais busquem meios para alcançá-los, de modo que suas demandas passem a compor obrigatoriamente as pautas de reivindicação da categoria dos comerciários, com intuito de reafirmar o sistema constitucional e legal de proteção trabalhista edificado na premissa básica do direito fundamental ao trabalho digno.

REFERÊNCIAS

ABDALA, Vantuil. Para cada Constituição, um juízo de inconstitucionalidade. *In*: VIANA, Márcio Túlio; ROCHA, Cláudio Jannotti da (coord.). *Como aplicar a CLT à luz da Constituição*: alternativas para os que militam no foro trabalhista. São Paulo: LTr, 2016.

ABILIO, Ludmila Costhek. *O make up do trabalho*: uma empresa e um milhão de revendedoras de cosméticos. 2011. 307 f. Tese (Doutorado em Ciências Sociais) – Programa de Doutorado em Ciências Sociais, Universidade Estadual de Campinas, Campinas, 2011. Disponível em: http://www.repositorio.unicamp.br/handle/REPOSIP/280166. Acesso em: 10 nov. 2021.

ABILIO, Ludmila Costhek. Uberização: a era do trabalhador *just-in-time*? *Estudos Avançados*, v. 34, n. 98, p. 111-126, 2020. Disponível em: https://tinyurl.com/238rj8uz. Acesso em: 20 jan. 2022.

BRASIL. Constituição (1988). *Constituição da República Federativa do Brasil*. Brasília, DF: Senado Federal, 1988. Disponível em: https://tinyurl.com/3744z739. Acesso em: 02 fev. 2022.

BRASIL. *Decreto-lei nº 5.452, de 1º de maio de 1943*. Consolidação das Leis do Trabalho. 1943. Disponível em: http://www.planalto.gov.br/ccivil_03/decreto-lei/del5452.htm. Acesso em: 14 fev. 2022.

BRASIL. *Medida Provisória nº 1.108, de 25 de março de 2022*. Disponível em: https://www.in.gov.br/en/web/dou/-/medida-provisoria-n-1.108-de-25-de-marco-de-2022-388651514. Acesso em: 30 mar. 2022.

CRUZ, Wander Luis de Melo. Crescimento do *e-commerce* no Brasil: desenvolvimento, serviços logísticos e o impulso da pandemia de Covid-19. *GeoTextos*, v. 17, n. 1, p. 67-88, jul. 2021. Disponível em: https://tinyurl.com/2p8zkcve. Acesso em: 15 dez. 2021.

CZAJKOWSKI JR., Sérgio. A Sociedade da Informação e as Novas Tecnologias Aplicadas ao Varejo no Brasil. *Brazilian Journal of Development*, Curitiba, v.7, n.3, p. 31817-31838 mar 2021.

DALMORO, Marlon; VIEIRA, Kelmara Mendes. Dilemas na construção de escalas Tipo Likert: o número de itens e a disposição influenciam nos resultados? *Revista Gestão Organizacional.* v. 6 n. 3 (2013): Edição Especial – Epistemologia e Métodos de Pesquisa em Administração e Contabilidade.

DEJOURS, Christophe. *A banalização da injustiça social.* 7. ed. ampliada. Rio de Janeiro: Editora FGV, 2007.

DEJOURS, Christophe. Subjetividade, trabalho e ação. *Revista Produção*, v. 14, n. 3, p. 27-34, set./dez, 2004.

DEJOURS, Christophe; BARROS, Juliana de Oliveira; LANCMAN, Selma. A centralidade do trabalho para a construção da saúde. *Revista de Terapia Ocupacional da Universidade de São Paulo*, v. 27, n. 2, p. 228-235, 17 ago. 2016.

DELGADO, Gabriela Neves. *Direito fundamental ao trabalho digno*. 2. ed. São Paulo: LTr, 2015.

DELGADO, Gabriela Neves. *Teletrabalho e melancolia na crise do coronavírus*. 19 maio 2020. *Live* transmitida no *YouTube*, com mediação da Dra. Natália Queiroz Cabral Rodrigues. Disponível em: https://www.youtube.com/watch?v=DEbOmKPOspE. Acesso em: 19 maio 2020.

DELGADO, Gabriela Neves; CARVALHO, Bruna Vasconcelos. Direitos fundamentais trabalhistas para quem? Reflexões sobre o trabalho plataformizado na perspectiva do Direito Constitucional do Trabalho. *In*: PORTO, Noemia; LOURENÇO FILHO, Ricardo; CONFORTI, Luciana Paula. (org.). *Plataformas digitais de trabalho*: aspectos materiais e processuais. Brasília: Associação Nacional dos Magistrados da Justiça do Trabalho; Escola Nacional Associativa dos Magistrados da Justiça do Trabalho, 2021. *E-book*. p. 34-53. Disponível em: https://tinyurl.com/2p86pvtr. Acesso em: 01 mar. 2022.

DELGADO, Gabriela Neves; COUTINHO, Raianne Liberal; ASSIS, Carolina Di. Flexibilizações à regra da alteridade trabalhista na era digital: a equivocada transferência de riscos e custos do empreendimento ao obreiro no teletrabalho e na uberização. *Revista LTr*. Legislação do Trabalho, v. 1, p. 81-91, 2021.

DELGADO, Gabriela Neves; RIBEIRO, Ana Carolina Paranhos de Campos. Os direitos sociotrabalhistas como dimensão dos direitos humanos. *Rev. TST*, Brasília, v. 79, n. 2, p. 199-219, abr./jun. 2013. Disponível em: https://juslaboris.tst.jus.br/handle/20.500.12178/39825. Acesso em: 02 fev. 2022.

DELGADO, Mauricio Godinho. *Curso de Direito do Trabalho:* obra revista e atualizada conforme a lei da reforma trabalhista e inovações normativas e jurisprudenciais posteriores. 18. ed. São Paulo: LTr, 2019.

DIAS, Valéria de Oliveira. *A Dimensão Socioambiental do Direito Fundamental ao Trabalho Digno*: uma análise a partir do assédio organizacional nos bancos do Distrito Federal. São Paulo: LTr, 2020.

DIAS, Valéria de Oliveira. O discurso neoliberal e a desconstrução da identidade constitucional do sujeito trabalhador: o papel invocante dos sindicatos e do Poder Judiciário Trabalhista. *No prelo.*

FACAS, Emílio Peres. *Protocolo de Avaliação dos Riscos Psicossociais no Trabalho* – Contribuições da Psicodinâmica do Trabalho. Tese apresentada ao Programa de Pós-Graduação em Psicologia Social, do Trabalho e das Organizações, do Instituto de Psicologia da Universidade de Brasília, 2013.

GALINARI, Rangel; CERVIERI JUNIOR, Osmar; TEIXEIRA JUNIOR, Job Rodrigues; RAWET, Eduardo Lederman. Comércio eletrônico, tecnologias móveis e mídias sociais no Brasil. *BNDES Setorial*, n. 41, p. 135-180, mar. 2015. Disponível em: https://web.bndes.gov.br/bib/jspui/handle/1408/4285. Acesso em: 17 dez. 2021.

HELOANI, Roberto. *Gestão e organização no capitalismo globalizado*: história da manipulação psicológica no mundo do trabalho. 1. ed. 4. reimp. São Paulo: Atlas, 2011.

HELOANI, Roberto; LANCMAN, Selma. Psicodinâmica do trabalho: o método clínico de intervenção e investigação. Revista Produção, v. 14, n. 3, p. 077-086, Set./Dez. 2004.

KUVIATKOSKI, Carol. *Franquia digital:* o que é, exemplos, e como ser uma franqueadora digital. 01 fev. 2022. Disponível em: https://www.ideianoar.com.br/franquia-digital/. Acesso em: 29 mar. 2022.

KUVIATKOSKI, Carol. *Marketplace*: o que é, exemplos e como criar um marketplace. 14 dez. 2021. Disponível em: https://www.ideianoar.com.br/marketplace/#o-que-e. Acesso em: 28 fev. 2022.

LEMOS, Maria Cecilia de Almeida Monteiro. *O dano existencial nas relações de trabalho intermitentes*: reflexões na perspectiva do direito fundamental ao trabalho digno. São Paulo: LTr, 2020.

LOURENÇO FILHO, Ricardo. O individual e o coletivo no trabalho por plataformas digitais: possibilidades de compreensão da Constituição a partir da experiência do "breque dos apps". *REJUR – Revista Jurídica da UFERSA,* Mossoró, v. 4, n.8, p. 72-93, jul./dez. 2020. Disponível em: https://periodicos.ufersa.edu.br/index.php/rejur/article/view/10139. Acesso em: 01 mar. 2022.

MAFFI, Tiago Kiritschenko; SILVA, Gabriel Santos Nascimento; UHLMANN, Erwin Alexander. Desenvolvimento de sistema gerenciador de estoques fragmentados para omnicanalidade para fidelização do público em empresas varejistas multicanal. *Revista Computação Aplicada*, v. 8, n. 1, p. 29-35, 2019. Disponível em: https://tinyurl.com/ywurs2dx. Acesso em: 18 nov. 2021.

MENDES, Ana Magnólia. Novas formas de organização do trabalho, ação dos trabalhadores e patologias sociais. MENDES, Ana Magnólia (org.). *Psicodinâmica do trabalho*: teoria, método e pesquisas. São Paulo: Casa do Psicólogo, 2007.

MENDES, Ana Magnólia; LIMA, Suzana Canez da Cruz; FACAS, Emílio Peres (orgs). *Diálogos em Psicodinâmica do trabalho*. Brasília: Paralelo 15, 2007.

MENDES, Ana Magnólia; VIEIRA, Fernando de Oliveira. Diálogos entre a psicodinâmica e clínica do trabalho e os estudos sobre coletivos de trabalho e práticas organizacionais. *Farol – Revista de Estudos Organizacionais e Sociedade*, Belo Horizonte, v. 1, n. 1, p. 161-213, jun. 2014.

MENDES, Ana Magnólia; VIVÈS, Jean-Michel. Voz do supereu e melancolização no trabalho que adoece. In: COELHO, Rosana; MOTTA, Diego Airoso da (Orgs.). *Psicanálise & Trabalho*: retratos do contemporâneo. Porto Alegre: Tribunal Regional do Trabalho da 4ª Região, 2020.

MESQUITA, Flávio Rivelli; MESQUITA, Fabrício Rivelli; FERNANDES, Roberto Fabiano. Projeções e desafios do dropshipping na era omnichannel. *Brazilian Journal of Development,* Curitiba, v.8, n.1, p. 314-338, jan. 2022.

PADILHA, Norma Sueli; DI PIETRO, Josilene Hernandes Ortolan. A contribuição da OIT na construção da tutela internacional do direito ao meio ambiente do trabalho equilibrado. *Rev. Fac. Direito UFMG*, Belo Horizonte, n. 70, p. 529-559, jan./jun. 2017. Disponível em: https://tinyurl.com/y4t75uja. Acesso em: 15 fev. 2022.

ROCHA, Luiz Fernando Perrotta da. *"Como ganhar dinheiro da internet?*: a construção da carreira do empreendedor digital. 2021. 82 f. Dissertação (Mestrado em Administração de Empresas) – Departamento de Administração, Pontifícia Universidade Católica do Rio de Janeiro, Rio de Janeiro, 2021. Disponível em: https://www.maxwell.vrac.puc-rio.br/55705/55705.PDF. Acesso em: 02 mar. 2022.

ROCHA, Sandra Regina Ayres; MENDES, Ana Magnólia; MORRONE, Carla Faria. Sofrimento, distúrbios osteomoleculares e depressão no contexto de trabalho: uma abordagem psicodinâmica. *Estud. pesqui. psicol.,* Rio de Janeiro, v. 12, n. 2, p. 379-394, ago. 2012.

RODRIGUES, Carlos Manoel Lopes; FAIAD, Cristiane; FACAS, Emílio Peres. Fatores de Risco e Riscos Psicossociais no Trabalho: Definição e Implicações. *Psicologia: Teoria e Pesquisa*, Brasília, 2020, v. 36, e36nspe19.

SARLET, Ingo Wolfgang. Algumas considerações em torno do conteúdo, eficácia e efetividade do direito à saúde na Constituição de 1988. *Revista Eletrônica sobre a Reforma do Estado (RERE),* Salvador, n. 11, p. 1-17, set./out./nov. 2007. Disponível em: https://tinyurl.com/yyqwv2pj. Acesso em: 15 fev. 2022.

SOARES, Flaviana Rampazzo. Interlocuções entre direitos humanos e direito do trabalho e a necessária proteção à dignidade da pessoa do trabalhador. *In*: ALVARENGA, Rúbia Zanotelli de (org.). *Direitos humanos dos trabalhadores*. São Paulo: LTr, 2016.

TALÉNS VISCONTI, Eduardo E.; DEL VALLE CALZADA, Estrella. Tiempo de trabajo y desconexión digital en el centenario de la OIT: perspectivas sobre la evolución de su regulación y situación actual en España. *In*:

ROCHA, Cláudio Jannotti da; PORTO, Lorena Vasconcellos; ALVARENGA, Rúbia Zanotelli de; PIRES, Rosemary de Oliveira (org.). *A Organização Internacional do Trabalho*: sua história, missão e desafios. São Paulo: Tirant lo Blanch, 2020. v. 1. *E-book*. (Coleção Internacional do Trabalho).

ANOTAÇÕES

ANOTAÇÕES

ANOTAÇÕES

EDITORA
JusPODIVM
www.editorajuspodivm.com.br